Schaum's Foreign Language Series

CIENCIA POLITICA
Y
RELACIONES
INTERNACIONALES

LECTURAS Y VOCABULARIO

EN ESPAÑOL

Protase E. Woodford

Conrad J. Schmitt

McGraw-Hill, Inc.
*New York St. Louis San Francisco Auckland
Bogotá Caracas Lisbon London Madrid Mexico Milan
Montreal New Delhi Paris San Juan Singapore
Sydney Tokyo Toronto*

Sponsoring Editors: John Aliano, Meg Tobin
Production Supervisor: Kathy Porzio
Editing Supervisor: Patty Andrews
Cover Design: Wanda Siedlecka
Cover Illustration: Jane Sterrett
Art: Graphic Connexions, Inc.
Text Design and Composition: Suzanne Shetler/Literary Graphics
Printer and Binder: R.R. Donnelley and Sons Company

CIENCIA POLITICA Y RELACIONES INTERNACIONALES

1 2 3 4 5 6 7 8 9 10 11 12 13 14 15 DOC DOC 9 8 7 6 5 4 3 2

ISBN 0-07-056819-7

Library of Congress Cataloging-in-Publication Data
Woodford, Protase E.
   Ciencia política y relaciones internacionales : lecturas y vocabulario en español /
   Protase E. Woodford, Conrad J. Schmitt.
        p.   cm. — (Schaum's foreign language series)
   Includes index.
   ISBN 0-07-056819-7
   1. Spanish language—Readers—Political science.   2. Spanish language—
   Readers—International relations.   3. Spanish language—Textbooks for foreign
   speakers—English.
   I. Schmitt, Conrad J.   II. Title.   III. Series.
      PC4127.P66W66   1993
   468.6'421—dc20   91-16700
                                                           CIP

ABOUT THE AUTHORS

Protase E. Woodford

Mr. Woodford was Director of the Foreign Languages Department, Test Development, Schools and Higher Education Programs Division, Educational Testing Service, Princeton, New Jersey. He has taught Spanish at all academic levels. He has also served as Department Chairman in New Jersey high schools and as a member of the College Board Spanish Test Committee, the Board of Directors of the Northeast Conference on the Teaching of Foreign Languages, and the Governor's Task Force on Foreign Languages and Bilingual Education (NJ). He has worked extensively with Latin American, Middle Eastern, and Asian ministries of education in the areas of tests and measurements and has served as a consultant to the United Nations, the World Bank, and numerous state and federal government agencies. He was Distinguished Visiting Linguist at the United States Naval Academy in Annapolis (1987-88) and Visiting Professor at the Fundación José Ortega y Gasset in Gijón, Spain (1986). Mr. Woodford is the author of many high school and college foreign language textbooks, including the communicating titles in Schaum's Foreign Language Series. He has traveled extensively throughout Spain, Mexico, the Caribbean, Central America, South America, Europe, Asia, and the Middle East.

Conrad J. Schmitt

Mr. Schmitt was Editor-in-Chief of Foreign Language, ESL, and Bilingual Publishing with McGraw-Hill Book Company. Prior to joining McGraw-Hill, Mr. Schmitt taught languages at all levels of instruction from elementary school through college. He has taught Spanish at Montclair State College, Upper Montclair, New Jersey; French at Upsala College, East Orange, New Jersey; and Methods of Teaching a Foreign Language at the Graduate School of Education, Rutgers University, New Brunswick, New Jersey. He also served as Coordinator of Foreign Languages for the Hackensack, New Jersey, Public Schools. Mr. Schmitt is the author of many foreign language books at all levels of instruction, including the communicating titles in Schaum's Foreign Language Series. He has traveled extensively throughout Spain, Mexico, the Caribbean, Central America, and South America. He presently devotes his full time to writing, lecturing, and teaching.

≡ PREFACE

The purpose of this book is to provide the reader with the vocabulary needed to discuss the fields of Political Science and International Relations in Spanish. It is intended for the person who has a basic background in the Spanish language and who wishes to be able to converse in this language in his or her field of expertise. The book is divided into two parts—Part One, Political Science and Part Two, International Relations. The content of each chapter focuses on a major area or topic relative to each of these fields. The authors wish to stress that it is not the intent of the book to teach Political Science or International Relations. The intent of the book is to teach the lexicon or vocabulary needed to discuss the fields of Political Science and International Relations in Spanish. It is assumed that the reader has learned about these fields either through college study or work experience.

The specific field-related vocabulary presented in this book is not found in basic language textbooks. This book can be used as a text in a specialized Spanish course for Political Science and International Relations. The book can also be used by students studying a basic course in Spanish who want to supplement their knowledge of the language by enriching their vocabulary in their own field of interest or expertise. This adds a useful dimension to language learning. It makes the language a valuable tool in the modern world of international communications and commerce. Since the gender of nouns related to professions in the romance languages involves grammatical changes that are sometimes quite complicated, we have, for the sake of simplicity, used the generic **el** form of nouns dealing with professions.

Using the Book

If a student uses the book on his or her own in some form of individualized study or leisurely reading, the following procedures are recommended to obtain maximum benefit from the book.

Since the specific type of vocabulary used in this book is not introduced in regular texts, you will encounter many unfamiliar words. Do not be discouraged. Many of the words are cognates. A cognate is a word that looks and may mean the same in both Spanish and English but is, in most cases, pronounced differently. Examples of cognates are **la política** and **la sociedad.** You should be able to guess their meaning without difficulty, which will simplify your task of acquiring a new lexicon.

Before reading the chapter, proceed to the exercises that follow the reading. First, read the list of cognates that appear in the chapter. This cognate list is the first exercise of each chapter. Then look at the cognate exercises to familiarize yourself with them.

Continue by looking at the matching lists of English words and their Spanish equivalents. These matching lists present words that are not cognates, that is, those words that have no resemblance to one another in the two languages. Look at the English list only. The first time you look at this exercise you will not be able to determine the Spanish equivalent. The purpose of looking at the English list is to make you aware of the specific type of vocabulary you will find in reading the chapter. After having looked at the English list, read the Spanish list; do not try to match the English-Spanish equivalents yet.

After you have reviewed the cognates and the lists of English words, read the chapter quickly. Guess the meanings of words through the context of the sentence. After having read the chapter once, you may wish to read it again quickly.

After you have read the chapter once or twice, attempt to do the exercises. Read the chapter once again, then complete those exercises you were not able to do on the first try. If you cannot complete an exercise, check the answer in the Answer Key in the Appendix. Remember that the exercises are in the book to help you learn and use the words; their purpose is not to test you.

After going over the exercises a second time, read the chapter again. It is not necessary for you to retain all the words; most likely, you will not be able to. However, you will encounter many of the same words again in subsequent chapters. By the time you have finished the book, you will retain and be familiar with enough words to enable you to discuss the fields of Political Science and International Relations in Spanish with a moderate degree of ease.

If there is a reason for you to become expert in carrying on political science or international relations discussions in Spanish, it is recommended that you reread the book frequently. It is more advantageous to read and expose yourself to the same material often. Do not attempt to study a particular chapter arduously until you have mastered it. In language acquisition, constant reinforcement is more beneficial than tedious, short-term scrutiny.

In addition to the vocabulary exercises, there is a series of comprehension exercises in each chapter. These comprehension exercises will provide you with an opportunity to discuss on your own sociological and social service matters and enable you to use the new vocabulary you just learned.

If you are interested in fields other than Political Science and International Relations, you will find, on the back cover of this book, a complete list of the titles and the fields available to you.

CONTENTS

PRIMERA PARTE: CIENCIA POLITICA

SEGUNDA PARTE: RELACIONES INTERNACIONALES

Primera parte
CIENCIA POLITICA

Capítulo 1
INTRODUCCION

La Ciencia Política

La Ciencia Política, como disciplina independiente, es bastante reciente. En los EE.UU. data de fines del siglo XIX. La Ciencia Política se ve estrechamente vinculada[1] a otras disciplinas, tales como la filosofía, la historia, la antropología, la sociología y la economía.

Es obvio que algo tan antiguo como el concepto de «gobierno» haya sido objeto de mucho estudio y pensamiento. Por consiguiente se ha acumulado un gran cuerpo[2] de teorías y conocimientos de interés para todo estudioso de la sociedad humana. No obstante, lo que más le interesa al científico político es la naturaleza de la autoridad inherente a la vida comunitaria, las instituciones por las que la autoridad se expresa, los métodos por los que el control se logra y las metas y los resultados de ese control. Aunque el científico político está consciente[3] de que la autoridad se expresa de muchas y muy diversas maneras, su mayor preocupación es la manera en que se expresa mediante lo que conocemos como gobierno y derecho, o leyes.

Ramas de la Ciencia Política El campo de la Ciencia Política es muy abarcador[4]. Las divisiones tradicionales son la teoría política, el derecho público, la comparación de gobiernos, los gobiernos de naciones específicas, la administración pública, las relaciones internacionales, los partidos políticos, las elecciones y la opinión pública.

La política estadounidense

Los que se especializan en el estudio de una nación específica, los EE.UU., digamos, enfocarían en[5] los siguientes asuntos.

Comportamiento político estadounidense Es el estudio de los individuos y organizaciones no gubernamentales que se involucran en la política: los estudios de opinión pública, las elecciones, los grupos de presión y los partidos políticos.

Instituciones políticas norteamericanas Es el estudio de las entidades gubernamentales: el congreso, la presidencia, la burocracia.

Derecho público estadounidense Es el estudio del proceso legal y los pasos que toman los tribunales para dictar los fallos que dictan.

Política pública norteamericana Es el análisis de las diferentes políticas que el Estado establece y los resultados de las mismas.

---

[1]*linked, related*   [2]*body*   [3]*aware*   [4]*encompassing, comprehensive*   [5]*would focus on*

Política local y estatal de los EE.UU. Es el estudio de todos los temas anteriores, pero a nivel de[6] estado y municipio en lugar de a nivel nacional.

Algunos teóricos de la Ciencia Política postulan que hay dos características que definen la política: la toma de decisiones para un grupo de personas— decisiones uniformes que se aplican de la misma manera para todos—y el ejercicio del poder por un individuo o por un grupo para afectar el comportamiento de otro o de grupos de personas. Estos se estudiarán en el siguiente capítulo. La toma de decisiones y el ejercicio del poder hoy se ven claramente en las funciones del gobierno.

Gobierno

Según el gran historiador británico Arnold J. Toynbee, ha habido veintiuna grandes civilizaciones a través de la historia. A éstas habría que añadir un número mayor de sociedades primitivas. Las instituciones políticas con autoridad para hacer y hacer respetar las leyes, es decir, gobiernos, han existido tanto en las sociedades primitivas como las avanzadas. Las formas y los procedimientos han variado, pero la evidencia acumulada por los sociólogos e historiadores nos indica que alguna forma de gobierno es indispensable para el funcionamiento de la vida comunal.

Los gobiernos, como toda institución social, varían mucho; sería imposible encontrar formas y procedimientos idénticos en los gobiernos de dos sociedades. Algunos de los factores que influyen en las diferencias son la geografía, el clima, la historia, las costumbres, los recursos y el nivel de desarrollo. Por eso se ve que las formas de gobierno que tienen gran éxito[7] en una sociedad, cuando se trasladan a otra, con frecuencia resultan en un rotundo[8] fracaso. No solamente varían las instituciones políticas, sino que se ven en un constante proceso de adaptación y cambio.

Papel del gobierno en la sociedad moderna Salvo en las sociedades más primitivas, el gobierno juega un papel importantísimo en la vida diaria de sus ciudadanos. El gobierno interviene desde el día en que nace[9] una persona hasta el día de su muerte. El gobierno interviene hasta antes del nacimiento, si provee cuidado prenatal a las madres. Cuando muere, un médico tiene que llenar y entregar un formulario oficial al gobierno con los detalles y causa de muerte.

En los países industrializados, el gobierno provee una serie de servicios al público. La policía mantiene el orden público. El servicio de bomberos[10] protege al público apagando incendios[11] gratuitamente. La educación primaria y, en muchos estados, la secundaria y universitaria se provee gratuitamente a los ciudadanos. El transporte depende del gobierno. La red de carreteras y a veces la red de ferrocarriles son del gobierno. En muchos países el gobierno controla o regula la aviación, la banca, la Bolsa de Valores, la educación, la higiene, los medios de comunicación: teléfonos, telégrafos, radio y televisión. La defensa nacional es la responsabilidad del gobierno y puede obligar el servicio militar. En muchos países el gobierno se encarga totalmente del servicio médico. En los EE.UU. y otros países el gobierno provee un Seguro Social, ayuda financiera a los jubilados[12], a los incapacitados[13] y a los pobres.

---

[6]*at the level of* [7]*are very successful* [8]*resounding* [9]*is born* [10]*fire department*
[11]*fires* [12]*retired people* [13]*handicapped*

La autoridad pública se responsabiliza hoy, mucho más que en el pasado, de estimular, planificar, regular y coordinar la economía nacional. El papel del gobierno es preeminente en los asuntos exteriores y en la defensa nacional. Enormes presupuestos para las fuerzas militares y para los programas de ayuda externa son comunes. El papel del gobierno cobra[14] más importancia cada día.

---

[14]*takes on*

ESTUDIO DE PALABRAS

Ejercicio 1   Study the following cognates that appear in this chapter.

la Ciencia Política	la presidencia	la radio
la disciplina	la burocracia	la televisión
la filosofía	el proceso	la defensa
la historia	el análisis	
la antropología	el Estado	independiente
la sociología	el tema	reciente
la economía	el municipio	humano
el concepto	la característica	político
el gobierno	la función	inherente
el objeto	el historiador	comunitario
el estudio	la civilización	diverso
la teoría	la forma	tradicional
el interés	la evidencia	público
la sociedad	el sociólogo	internacional
el científico	el factor	gubernamental
la autoridad	la diferencia	legal
la institución	la geografía	diferente
el método	el clima	local
el control	el detalle	estatal
el resultado	la adaptación	federal
la manera	la causa	nacional
la preocupación	la serie	uniforme
la división	el servicio	primitivo
la comparación	la policía	avanzado
la nación	el orden	indispensable
la administración	la educación	comunal
la relación	el transporte	idéntico
la elección	la aviación	moderno
la opinión	la banca	prenatal
el individuo	la higiene	industrializado
la organización	la comunicación	primario
la entidad	el teléfono	secundario
el congreso	el telégrafo	universitario

militar	postular	proteger
preeminente	definir	controlar
	variar	regular
acumular	influir	obligar
expresar	intervenir	estimular
especializarse	proveer	planificar
establecer	mantener	

Ejercicio 2   Complete each expression with the appropriate word(s).

1. political science — la ciencia _____
2. political scientist — el científico _____
3. community life — la vida _____
4. political theory — la _____ política
5. public administration — la _____ pública
6. international relations — las _____ internacionales
7. political party — el partido _____
8. public opinion — la _____ pública
9. pressure groups — los _____ de presión
10. legal process — el proceso _____
11. local politics — la política _____
12. primitive society — la sociedad _____
13. social institution — la _____ social
14. process of change — el _____ de cambio
15. industrialized country — el país _____
16. public order — el orden _____
17. primary education — la _____ primaria
18. national defense — la _____ nacional
19. military service — el servicio _____
20. medical service — el _____ médico
21. Social Security — el Seguro _____

Ejercicio 3   Match the verbs in Column A with related nouns in Column B.

A	B
1. acumular	a. la comparación
2. estudiar	b. la elección
3. expresar	c. la intervención
4. resultar	d. la división
5. dividir	e. el mantenimiento
6. comparar	f. el estudio
7. elegir	g. la influencia
8. establecer	h. la protección
9. definir	i. la educación
10. influir	j. la acumulación
11. intervenir	k. la expresión

12. causar
13. proveer
14. mantener
15. proteger
16. educar
17. transportar

l. el establecimiento
m. el resultado
n. la provisión
o. la definición
p. el transporte
q. la causa

Ejercicio 4 Give the word or expression being defined.
1. un área o una rama que se estudia
2. de no hace mucho tiempo, de hace poco
3. la idea
4. la idea que un individuo tiene de algo
5. amasar
6. de la comunidad
7. lo que resulta
8. diferente, variado
9. lo contrario de «privado»
10. el Estado, el país
11. entre dos o más naciones
12. el estudio detallado o minucioso
13. el acto de escoger o seleccionar por voto
14. el que estudia la historia
15. la ciudad o el pueblo
16. antiguo, no moderno
17. absolutamente necesario
18. ejercer un control

Ejercicio 5 Identify each of the following.
1. la ciencia que trata de la producción y distribución de bienes y servicios
2. la ciencia de las relaciones humanas
3. la ciencia que trata del estudio del hombre como ser animal y social
4. el nombre dado a los razonamientos que tratan de explicar la naturaleza, las relaciones, causas y finalidad del mundo físico; el conjunto de los razonamientos de los pensadores de las distintas épocas
5. el arte y la actividad de gobernar un país
6. el estudio de todos los hechos ocurridos en el pasado

Ejercicio 6 Match each noun in Column A with its adjective form in Column B.

A	B
1. la política	a. estatal
2. la economía	b. gubernamental
3. el gobierno	c. administrativo
4. la ciencia	d. municipal
5. la autoridad	e. legal

6. el estado
7. el municipio
8. la nación
9. la ley
10. el individuo
11. la administración
12. la universidad

f. político
g. universitario
h. científico
i. individual
j. nacional
k. autoritario
l. económico

Ejercicio 7   Match the English word or expression in Column A with its Spanish equivalent in Column B.

A

1. thought
2. knowledge
3. goal
4. right, law
5. law
6. branch
7. behavior
8. party
9. pressure
10. step
11. court
12. to render a verdict

B

a. el tribunal
b. el comportamiento
c. la rama
d. el pensamiento
e. el conocimiento
f. el partido
g. dictar un fallo
h. la meta
i. la ley
j. el derecho
k. el paso
l. la presión

Ejercicio 8   Give the word or expression being defined.
1. las ideas, nociones; lo que se sabe de cierta ciencia o arte
2. el objetivo
3. la conducta; el modo de ser, los modales, la manera en que uno se conduce
4. el conjunto de leyes que determinan las relaciones sociales
5. una regla obligatoria
6. cada división o subdivisión; cada una de las partes en que se divide una ciencia o una actividad
7. la etapa; el movimiento de un lugar a otro
8. donde se dictan fallos; la corte
9. la opinión, la idea, el concepto; la facultad de comparar, combinar y estudiar las ideas
10. el bando, el grupo, la asociación

Ejercicio 9   Complete each statement with the appropriate word(s).
1. En los EE.UU. hay dos _____ políticos principales, los republicanos y los demócratas.
2. El derecho civil es una _____ del derecho y el derecho criminal es otra _____.
3. Los magistrados pronuncian sus sentencias en el _____.
4. El _____ criminal se considera antisocial.

5. Los legisladores, los senadores y los representantes tienen que confrontarse con muchos grupos de _____.
6. Hay que seguir varios _____ antes de demandar ante el juez en el tribunal.
7. Al final del pleito, el juez (magistrado) dicta su _____, o sea, pronuncia su veredicto.
8. Cada grupo de _____ tiene su _____. Sabe lo que quiere hacer o realizar.

Ejercicio 10   Match the English word or expression in Column A with its Spanish equivalent in Column B.

A	B
1. theorist	a. la costumbre
2. decision making	b. trasladarse
3. exercise	c. jugar un papel
4. power	d. la toma de decisiones
5. custom	e. el cambio
6. resources	f. el poder
7. level of development	g. el fracaso
8. to move, change abode	h. diario
9. failure	i. el teórico
10. change, exchange	j. el nivel de desarrollo
11. to play a role	k. el ejercicio
12. daily	l. los recursos

Ejercicio 11   Complete each statement with the appropriate word(s).
1. El _____ está en las manos del gobierno.
2. El gobierno _____ importante en la vida _____ de los ciudadanos del país.
3. _____ es más alto en los países industrializados que en los países en vías de desarrollo (del Tercer Mundo).
4. En el campo internacional poco es constante; _____ es normal.
5. Muchos países industrializados importan _____ naturales de los países del Tercer Mundo.
6. Cada cultura tiene sus propias _____, su modo de vestir, de comer, etc.

Ejercicio 12   Match the English word or expression in Column A with its Spanish equivalent in Column B.

A	B
1. form	a. el Seguro Social
2. citizen	b. la ayuda financiera
3. Social Security	c. la red de carreteras
4. foreign aid	d. la Bolsa (el Mercado) de Valores
5. financial aid	e. el formulario

6. foreign affairs   f. los asuntos exteriores
7. Stock Market   g. el ciudadano
8. budget   h. la ayuda externa
9. highway network (system)   i. el presupuesto

Ejercicio 13   Complete each statement with the appropriate word(s).
1. La _____ es una parte de la infraestructura del país.
2. Los países industrializados (más ricos) suelen tener programas de
   _____ para los países menos desarrollados (más pobres). Una gran
   parte de la _____ es en forma de _____.
3. El _____ provee beneficios a los necesitados dentro del país como
   cupones alimenticios (para alimentos), servicios médicos, etc.
4. El gobierno juega un papel importante en la vida diaria de los _____
   del país.
5. Se puede comprar (o vender) acciones en empresas como la IBM y la GE
   en _____.
6. El _____ indica los ingresos y egresos, es decir, el dinero que se
   espera recibir y que se piensa gastar.
7. Los _____ gubernamentales pueden ser complicados y detallados.

COMPRENSION _____

Ejercicio 1   True or false?
1. La Ciencia Política, como disciplina independiente, es relativamente
   reciente.
2. La autoridad o el poder se expresa de pocas maneras.
3. El campo de la Ciencia Política se compone de pocas ramas.
4. Arnold J. Toynbee es un gran historiador británico.
5. Los gobiernos han existido sólo en las sociedades avanzadas.
6. Alguna forma de gobierno es indispensable para el funcionamiento de la
   vida comunal.
7. Todos los gobiernos son iguales.
8. Una forma de gobierno que tiene éxito en una sociedad tendría éxito en
   cualquier otra.

Ejercicio 2   Answer.
1. ¿Qué le interesa al científico político?
2. ¿Qué abarca la Ciencia Política?
3. ¿Cuáles son dos características que definen la política?
4. Según Toynbee, ¿cuántas grandes civilizaciones han existido a través de la
   historia?
5. ¿Cuáles son algunos factores que influyen en las diferencias entre los
   gobiernos?
6. ¿Cómo interviene el gobierno en la vida de una persona?
7. ¿Qué es el Seguro Social?

Ejercicio 3   Define each of the following.
1. el comportamiento político
2. las instituciones gubernamentales
3. el derecho público

Ejercicio 4   Match.

A	B
1. el gobierno federal	a. Florida (Tallahassee), NJ (Trenton)
2. el gobierno del condado	b. Miami, Newark
3. el gobierno estatal	c. Washington, DC
4. el gobierno municipal	d. Dade, Essex, Cook

Ejercicio 5   Follow the directions.
1. Prepare una lista de servicios que provee el gobierno en los países industrializados.
2. Explique cómo el papel del gobierno cobra más importancia cada día.

Capítulo 2
EL PODER

La política siempre envuelve el ejercicio del poder. Es el ejercicio del poder por uno o varios individuos sobre otro u otros. El «poder» es la capacidad que tiene uno para hacer que otro haga lo que el primero quiera, no importan los medios que utilice.

La historia de la política es la de una persona haciendo que otros hagan lo que él o ella quiera, sea por la persuasión o por la coacción. El poder también se ejerce por medio de la creación de incentivos, presentando alternativas tan inaceptables que sólo una opción razonable queda. Hay una variedad de maneras en que se ejerce el poder. Hay quienes emplean el dinero, el afecto, la fuerza física, la determinación, la información, el humor y obviamente el status legal—la policía, por ejemplo, cuando dirige el tránsito[1]. En fin, es cualquier cosa que pueda ayudar a algunos a hacer que otros obren como ellos quieran. La política envuelve el empleo del poder, y el poder se manifiesta de muchas maneras.

Poder latente y poder patente

El poder puede existir sin que haya ninguna conexión obvia entre las personas o los grupos involucrados[2]. El poder patente se basa en una acción por parte de X que le obliga a Y a hacer lo que X desea. El clásico ejemplo del poder patente es el del guardia de tránsito[3] que detiene[4] los vehículos con sólo levantar la mano. El poder latente, sin embargo, se ve cuando Fulano hace lo que Mengano desea, no porque Mengano lo haya indicado de una manera u otra, sino porque Fulano siente[5] que Mengano quiere que se haga algo, o por alguna razón Mengano quiere hacer lo que Fulano quiere. Ejemplos del poder latente abundan, especialmente en el ámbito de la familia y de los negocios. El empleado asalariado se queda tarde en la oficina sin que el patrono le haya dicho nada, porque sabe que el patrono quiere que se acabe algún trabajo. En la familia, el hijo hace alguna tarea o ayuda a sus padres con algo sin que ellos se lo pidan. En la política, un gobernante sólo tiene que indicar que algo le complacería[6], y 20 personas corren a cumplir con su deseo. Lo difícil es determinar si se ha ejercido el poder latente en una situación dada, ya que tiende a ser muy sutil.

Modelos de poder político

Los teóricos han desarrollado tres modelos sobre el poder: el democrático, el elitista (también llamado «tesis de las minorías directoras») y el pluralista.

---

[1]*directs traffic*   [2]*involved*   [3]*traffic officer*   [4]*stops*   [5]*feels*   [6]*would please*

Modelo democrático El modelo democrático hace hincapié[7] en el grado en que el pueblo mismo realmente se gobierna y ejerce el control sobre los oficiales electos. La palabra «democracia» viene de las palabras griegas *demos,* «pueblo» y *krateo,* «mandar». En la antigua Grecia, los ciudadanos se reunían en la *agora* o «plaza pública» para discutir y resolver los problemas o asuntos públicos. Esta democracia «directa» es un ideal que se aproxima a las tradicionales *town meetings,* reuniones de ciudadanos de los pueblos rurales de Nueva Inglaterra, donde se resuelven las cuestiones, después de un debate entre todos los interesados y una votación abierta. En los EE.UU. y en la mayoría de los países democráticos el pueblo se gobierna de una manera indirecta. Los ciudadanos eligen representantes que gobiernan a nombre del pueblo. En aquellas sociedades democráticas que han durado mucho tiempo casi siempre ha habido poderosas instituciones autónomas. Estas instituciones funcionan libremente sin ser controladas por el gobierno. Ejemplos son los sindicatos laborales, las iglesias, las asociaciones de diferentes clases y una economía de mercado libre.

Modelo elitista El modelo elitista mantiene que un grupo muy reducido, una «élite» domina la política y ejerce el verdadero control en un país. En los EE.UU., según los partidarios del modelo elitista, menos de 10.000 individuos forman la élite. Los consejeros del presidente, algunos congresistas muy importantes y un reducido número de industriales, directores de enormes empresas, banqueros, juristas y, hoy día, figuras influyentes en los medios informativos (la prensa, la radio y la televisión) son la élite estadounidense. Su poder es latente más que patente. Dominan de manera informal. Entran y salen libre y regularmente de su status de élite. Son ellos quienes determinan el camino que se seguirá en la política y la economía. Las élites gozan de mucho más tiempo y recursos para involucrarse en la política que los miembros de las clases más humildes.

Dos de los más importantes críticos del elitismo eran Carlos Marx (1818–1883) y C. Wright Mills (1916–1962). Según Marx en su libro *El Capital, Crítica de la economía política,* la Revolución industrial creó una élite industrial y comercial cuyo poder venía de su control del capital y, por lo tanto, de los medios de producción. Los líderes políticos, según Marx, no tenían gran poder, no eran más que los sirvientes de las clases dominantes que controlaban la economía.

El sociólogo norteamericano C. Wright Mills, en su obra *Las élites del poder,* describió la existencia de una pequeña élite de líderes militares, industriales y gubernamentales que controlaban los EE.UU. Según Mills, el poder estaba en manos de una «élite del poder», un pequeño grupo de hombres dentro y fuera del gobierno.

Modelo pluralista El modelo pluralista se coloca entre los dos modelos anteriores, el democrático y el elitista. Según estos teóricos, muchos ciudadanos ejercen bastante poder dentro de un marco muy limitado, y muy poco poder sobre la mayoría de las cuestiones. Por ejemplo, los sindicatos laborales pueden influir mucho en la legislación sobre importaciones, pero muy poco sobre la política

---

[7]*emphasizes*

agrícola. Es decir, muchos grupos diferentes tienen acceso a las agencias y a los oficiales del gobierno y compiten entre sí para poder influir en la toma de decisiones políticas. Pocos individuos ejercen el poder en todas las áreas, a pesar de que puedan influir mucho en una o varias. Un problema grave es que los grupos de «interés especial» pueden ejercer tremendo poder para su propio beneficio dentro de aquellas áreas que les interesan.

Lo importante es que, según los «elitistas» igual que los «pluralistas», el poder dentro del sistema político estadounidense no está distribuido de forma igualatoria.

ESTUDIO DE PALABRAS

Ejercicio 1 Study the following cognates that appear in this chapter.

el ejercicio	la revolución	electo
la persuasión	el control	público
la coacción	el capital	rural
la creación	la producción	autónomo
el incentivo	el líder	reducido
la alternativa	el sirviente	informativo
la opción	la clase	comercial
la determinación	el sociólogo	dominante
la información	la existencia	militar
el humor	la legislación	especial
el status	la importación	tremendo
la conexión	el acceso	
la acción	la agencia	utilizar
el gobernante	el área	ejercer
el modelo	el grupo	presentar
el grado	el interés	manifestar
el oficial		obligar
la democracia	inaceptable	gobernar
el problema	razonable	discutir
la cuestión	físico	resolver
el debate	legal	elegir
la sociedad	obvio	dominar
la institución	asalariado	crear
la élite	sutil	controlar
el director	político	influir
el banquero	democrático	competir
el jurista	elitista	
el crítico	pluralista	

Ejercicio 2 Complete each expression with the appropriate word(s).
1. legal status   el status _____
2. implicit power   el poder _____
3. political power   el poder _____

4. manifest power   el _____ patente
5. family environment   el ámbito de la _____
6. democratic society   la _____ democrática
7. democratic model   el modelo _____
8. elitist model   el _____ elitista
9. information media   los medios _____
10. Industrial Revolution   la _____ industrial
11. business elite   la _____ comercial
12. control of capital   el _____ de capital
13. means of production   los medios de _____
14. political leader   el líder _____
15. military leader   el _____ militar
16. salaried employee   el empleado _____
17. special interest groups   los _____ de interés
                                        _____
18. physical force   la fuerza _____
19. public matter   el asunto _____
20. dominant class   la clase _____
21. elected official   el _____ electo
22. autonomous institution   la _____ autónoma

Ejercicio 3 Match the verbs in Column A with related nouns in Column B.

A	B
1. discutir	a. la influencia
2. resolver	b. el control
3. elegir	c. la opción
4. dominar	d. el interés
5. producir	e. el dominio
6. controlar	f. la elección
7. existir	g. el gobierno, el gobernante
8. influir	h. la creación
9. competir	i. la discusión
10. interesar	j. la competencia
11. gobernar	k. la producción
12. optar	l. la persuasión
13. crear	m. la resolución
14. persuadir	n. la existencia

Ejercicio 4 Complete each statement with the appropriate word(s).
1. El que critica algo es un _____.
2. El que gobierna es el _____.
3. Hay una diferencia importante entre _____ y _____.
   _____ es el acto de tratar de convencerle a alguien a hacer algo y
   _____ es la violencia que se hace a alguien para que haga una cosa
   contra su voluntad.

4. Cada ciudadano de un país goza del _____ legal.
5. Una institución _____ se gobierna por sus propias leyes.
6. El que estudia la sociología es _____.
7. Muchas veces una compañía o empresa ofrece _____ a sus empleados _____ para que trabajen más.

Ejercicio 5   Match each word in Column A with its definition in Column B.

A	B
1. rural	a. los fondos económicos
2. inaceptable	b. la pregunta
3. ejercer	c. hacer; practicar un oficio o profesión
4. la información	d. usar, emplear
5. razonable	e. el administrador, el jefe
6. utilizar	f. del campo; lo contrario de «urbano»
7. la cuestión	g. los informes, los datos
8. el director	h. la libertad de escoger entre dos o más
9. el capital	posibilidades
10. la opción	i. que no se puede aceptar
	j. justo

Ejercicio 6   Match the English word or expression in Column A with its Spanish equivalent in Column B.

A	B
1. exercise of power	a. el partidario
2. media	b. el ámbito
3. to act, proceed	c. la votación abierta
4. environment, scope	d. los medios
5. business	e. el patrono
6. boss	f. el consejero del presidente
7. open vote (voting)	g. el ejercicio del poder
8. partisan, follower	h. el congresista, el representante
9. presidential advisor	i. obrar
10. member of congress	j. los negocios

Ejercicio 7   Complete each statement with the appropriate word(s).
1. El _____ se manifiesta de varias maneras. No hay una sola manera de hacer que alguien haga algo.
2. _____ es obligatoria en las elecciones en un país democrático.
3. Hay 435 _____ en el Congreso de los Estados Unidos.
4. Los _____ le ayudan al presidente a tomar decisiones.
5. El partido republicano tiene sus _____ y el partido democrático (demócrata) tiene sus _____.
6. El _____ tiene que coordinar el trabajo y supervisar a más de 100 empleados.
7. La radio, la televisión y la prensa (los periódicos) son tres _____ de comunicación.

Ejercicio 8   Give an equivalent term for each of the following.
1. el adherente, el adepto
2. el que da consejos
3. el comercio
4. el jefe
5. hacer una cosa, ejecutar una cosa

Ejercicio 9   Match the English word or expression in Column A with its Spanish equivalent in Column B.

A	B
1. industrialist	a. la economía de mercado libre
2. concern, enterprise	b. el sindicato laboral
3. labor union	c. su propio beneficio
4. farm policy	d. el marco
5. one's own benefit	e. el industrial
6. free-market economy	f. la política agrícola
7. background, setting	g. la empresa

Ejercicio 10   Complete each statement with the appropriate word(s).
1. Boeing es una gran _____ aeronáutica americana y Airbus Industries es una gran _____ aeronáutica europea.
2. La _____ tiene más importancia e influencia en las áreas rurales que en las zonas urbanas.
3. El _____ social del individuo influye mucho en sus costumbres, sus pensamientos y su comportamiento.
4. El que dirige una industria es _____.
5. Los _____ luchan por los beneficios y los derechos de los trabajadores.
6. La economía y la política son estrechamente vinculadas. Un gobierno democrático generalmente tiene una economía _____.
7. El no lo hace por _____; lo hace por el beneficio de su país.

COMPRENSION _____

Ejercicio 1   True or false?
1. En el modelo democrático, el pueblo mismo se gobierna y es el pueblo que ejerce el control sobre los oficiales electos.
2. En un país democrático, los ciudadanos eligen representantes que gobiernan al pueblo.
3. El elitismo no existe en los EE.UU.
4. El poder de la élite es más bien latente que patente.
5. Karl Marx fue un gran crítico del elitismo.
6. Según los partidarios del modelo pluralista, muchos grupos tienen acceso a las agencias y a los oficiales del gobierno pero cada grupo ejerce el poder en sólo un área, no en muchas áreas.

Ejercicio 2   Answer.
1. ¿Qué es el poder?
2. ¿Qué es la historia de la política?
3. ¿Cuáles son algunas maneras en que se ejerce el poder?
4. ¿En qué se basa el poder latente?
5. ¿Cuáles son los tres modelos sobre el poder?
6. En la antigua Grecia, ¿dónde se reunían los ciudadanos?
7. ¿Para qué se reunían?
8. ¿Qué mantiene el modelo elitista?
9. Según Karl Marx, ¿qué creó la Revolución industrial?
10. ¿Por qué pueden ser un problema grave los grupos de interés especial?

Ejercicio 3   Follow the directions.
1. Dé algunos ejemplos del poder latente.
2. Dé algunos ejemplos de instituciones autónomas en las sociedades democráticas.
3. Dé algunos ejemplos de los que forman la «élite» según los partidarios del modelo elitista.

Ejercicio 4   Explain.
   Según los teóricos del modelo pluralista, muchos ciudadanos ejercen bastante poder dentro de un marco muy limitado.

Capítulo 3
EL ESTADO

La definición de «Estado» es la siguiente: «Cuerpo político de una nación. País o dominio de un príncipe[1] o señor de vasallos. En el régimen federativo, porción de territorio cuyos habitantes se rigen por leyes propias, aunque sometidos en ciertos asuntos a las decisiones del gobierno general».

Es obvio que en las antiguas civilizaciones como las de Egipto, Grecia y China existía el Estado. Había príncipes y vasallos. Tenían leyes, en algunos casos codificados. El código de Hammurabi, rey de Babilonia (1730-1685 a.C.), grabado en un bloque de diorita, es el código más antiguo del mundo. Los chinos ya tenían una burocracia modelo siglos antes de que hubiera un Estado europeo. No obstante, cuando se piensa en el «Estado» en su concepto moderno, se piensa en el Estado europeo que aparece a fines de la Edad Media[2].

El Estado moderno

El Estado europeo, tal como lo conocemos hoy, no empezó a existir en su forma moderna hasta los siglos XIV y XV y, en algunos casos, como los de Italia y Alemania, hasta el siglo XIX. Durante la Edad Media, Europa se dividía en una multitud de regiones, cada una bajo el dominio de algún noble, rey[3] u oficial de la iglesia[4]. Poco a poco los reyes iban adquiriendo mayor poder sobre territorios cada vez mayores. A las poblaciones que se encontraban dominadas por los reyes, poco les importaba quien fuera su señor o de donde era. En muchos casos un territorio llegaba bajo el poder de un monarca como consecuencia del matrimonio. Hasta en el siglo XVIII hubo reyes de Inglaterra que eran alemanes, alemanes que ni siquiera podían hablar inglés. Típico también, durante esa época, fue el empleo de ejércitos de mercenarios. El rey de Francia empleaba tropas inglesas para combatir contra el rey de Inglaterra. El rey de Inglaterra pagaba a tropas alemanas para combatir contra los colonos rebeldes en las Américas. En la famosa batalla de Trenton (Nueva Jersey) en 1776, las tropas del General Washington vencieron a mercenarios alemanes (de Hesse).

El primer verdadero Estado moderno europeo sería probablemente la Francia de Napoleón. Napoleón pudo, después de la Revolución francesa, crear tanto una burocracia eficiente como un ejército poderoso, que pudo conquistar casi toda Europa. El Estado francés sirvió como modelo de organización para las otras naciones del continente.

---

[1]*prince*   [2]*Middle Ages*   [3]*king*   [4]*church official*

Orígenes del Estado moderno

El desarrollo del Estado moderno coincide con la Revolución industrial y el comercio en gran escala. Para que la industria y el comercio funcionen eficientemente se necesitan grandes poblaciones cuyas actividades económicas puedan coordinarse. Los industriales y comerciantes así tienen una fuente de mano de obra y un gran mercado, todo bajo las mismas leyes, sin problemas de aranceles, por ejemplo. Si el Estado moderno facilitó la Revolución industrial, la Revolución industrial, a su vez, facilitó el desarrollo del Estado moderno. La Revolución industrial posibilitó las comunicaciones rápidas, necesarias para controlar grandes poblaciones a través de grandes distancias. El ferrocarril[5] y el telégrafo permitieron a los gobiernos a enterarse en seguida de lo que ocurría en cualquier lugar de la nación.

Nacionalismo

Uno de los productos del Estado moderno es la idea del nacionalismo. El nacionalismo es una identificación apasionada que tienen los ciudadanos con el Estado. Puede ennoblecer[6] o embrutecer[7]. En su forma negativa es algo así como una religión política. El científico político Frederick Schuman dijo: «El culto del nacionalismo tiene sus sacerdotes[8], sus ritos y su teología, igual que cualquier otro culto.... El patriota ha aprendido la reverencia por la patria—para *merrie England, America the beautiful, la Patrie* o *das Vaterland.* Esto envuelve tanto la veneración ancestral como el fetichismo territorial... el patriota venera la tierra de su patria—la tierra sagrada, regada por sangre[9] de héroes.... La bandera nacional en todas partes es un símbolo particularmente sagrado, ha de ser siempre respetada y jamás profanada».

Lo obvio es que en casi todos los países, los ciudadanos se identifican con el Estado y lo defienden hasta con la vida. Es el nacionalismo que hace que los ejércitos se llenen de voluntarios dispuestos a sacrificarlo todo «por la patria». Y es obvio también que todo Estado trata de fomentar el nacionalismo de varias maneras. Hay desfiles militares para las fiestas nacionales, los prohombres[10] de la nación son venerados, igual que los símbolos nacionales como la bandera o el escudo[11] nacional. En las escuelas se enfoca en la historia nacional.

El nacionalismo predispone a los dispares elementos de la población nacional a acatar[12] las leyes y a defender el Estado contra enemigos exteriores.

---

[5]*railroad*   [6]*embellish*   [7]*brutalize*   [8]*priests*   [9]*blood*   [10]*leaders*   [11]*coat of arms*
[12]*obey*

ESTUDIO DE PALABRAS _____

Ejercicio 1 Study the following cognates that appear in this chapter.

la definición	el continente	ancestral
la nación	la actividad	sagrado
la porción	la comunicación	respetado
el régimen	la distancia	profanado
el habitante	el telégrafo	militar
la decisión	el nacionalismo	federativo
el gobierno	la identificación	
la civilización	la religión	existir
el vasallo	el culto	adquirir
la burocracia	el rito	combatir
el concepto	la teología	conquistar
el Estado	el patriota	coincidir
la multitud	la reverencia	coordinar
la región	la veneración	facilitar
el noble	el fetichismo	posibilitar
el monarca	el símbolo	controlar
la población	el voluntario	permitir
la consecuencia	el bloque	venerar
el matrimonio	el territorio	identificar
los mercenarios		sacrificar
la tropa	codificado	predisponer
la batalla	moderno	defender
el modelo	dominado	
la organización	rápido	

Ejercicio 2 Complete each expression with the appropriate word(s).

1. modern State   el Estado _____
2. political body   el cuerpo _____
3. ancient civilization   la _____ antigua
4. mercenary armies   los ejércitos de _____
5. economic activities   las actividades _____
6. rapid communication   las comunicaciones _____
7. volunteer army   un ejército de _____
8. military parade   un desfile _____

Ejercicio 3 Match each word or expression in Column A with its definition in Column B.

A	B
1. la nación	a. el área, la zona
2. la porción	b. la idea, la noción
3. el territorio	c. el período de tiempo
4. el concepto	d. obtener, comprar

5. existir   e. la tierra
6. moderno   f. el rey
7. la región   g. el país, el Estado
8. adquirir   h. la ciudad
9. el monarca   i. la parte, la parcela
10. la época   j. adorar
11. venerar   k. ser
12. la población   l. lo contrario de «antiguo»

Ejercicio 4   Match the verbs in Column A with related nouns in Column B.

A	B
1. definir	a. la población
2. existir	b. la defensa
3. adquirir	c. la veneración
4. poblar	d. la definición
5. venerar	e. la predisposición
6. sacrificar	f. la existencia
7. defender	g. el sacrificio
8. predisponer	h. la adquisición
9. permitir	i. el combate
10. controlar	j. la conquista
11. conquistar	k. el control
12. combatir	l. el permiso
13. sacrificar	m. el sacrificio

Ejercicio 5   Give the word or expression being defined.
1. el que hace algo sin recibir dinero; el que trabaja gratuitamente
2. el que es militar sólo por el dinero
3. el que vive en un lugar
4. el total de los empleados públicos (civiles, del gobierno) y sus actividades
5. un gran número
6. un conjunto o grupo de soldados
7. dar permiso, dejar hacer
8. hacer o rendir posible

Ejercicio 6   Complete each statement with the appropriate word(s).
1. El catolicismo, el protestantismo, el judaísmo y el Islam son _____.
2. La religión es un _____.
3. La misa es un _____ de la iglesia católica.
4. Europa es un _____ y Asia es otro.
5. La ciudad de Nueva York tiene más de seis millones de _____.
6. Hay desfiles _____ el 4 de julio para celebrar el día de la independencia.

7. Una junta militar es casi siempre un _____ opresivo.

8. La _____ griega es una _____ antigua.

Ejercicio 7   Match the English word or expression in Column A with its Spanish equivalent in Column B.

A	B
1. to rule	a. el ejército
2. code	b. la bandera
3. century	c. el enemigo
4. army	d. el mercado
5. to conquer	e. fomentar
6. development	f. regir (rige)
7. merchant	g. vencer
8. homeland	h. el código
9. flag	i. los aranceles
10. to promote	j. el siglo
11. enemy	k. la patria
12. manpower	l. el desarrollo
13. market	m. la mano de obra
14. duty, tariff	n. el comerciante

Ejercicio 8   Complete each statement with the appropriate word(s).

1. Muchas veces el gobierno interviene y grava _____ sobre productos importados.

2. El _____ es el conjunto de clientes potenciales de un servicio o bien.

3. La _____ es un símbolo de la nación. La _____ de los EE.UU. es roja, blanca y azul y la bandera de México es verde, blanca y roja.

4. El _____ de Napoleón perdió la batalla de Waterloo.

5. Napoleón invadió a España en el _____ XIX.

6. El _____ tiene soldados.

7. El rey o la reina _____ en una monarquía y un dictador _____ en una dictadura.

8. Las tropas defensivas ganaron la batalla. Las tropas defensivas pudieron _____ a las tropas ofensivas.

Ejercicio 9   Give the word or expression being defined.

1. conquistar

2. lo contrario de «el amigo»

3. el país, la nación

4. un período de cien años

5. promover, aumentar la actividad o intensidad de una cosa

6. el trabajo de los obreros u operarios en una fábrica

7. el mercader, el que vende un producto

8. el cuerpo de leyes

COMPRENSION

Ejercicio 1   True or false?

1. El Estado no existía en las civilizaciones antiguas.
2. El código más antiguo existía en Babilonia.
3. El Estado en su forma moderna empezó a existir en el siglo XII.
4. Muchos monarcas recibían territorios por consecuencia de matrimonio.
5. El primer verdadero Estado moderno europeo era Francia.
6. La Revolución industrial facilitó el desarrollo del Estado moderno.
7. El nacionalismo es siempre bueno.
8. No es raro que el individuo defienda a su patria con la vida.

Ejercicio 2   Answer.

1. Cuando se piensa en el Estado moderno, ¿en qué se piensa?
2. ¿En qué se dividía Europa en la Edad Media?
3. ¿Quiénes iban adquiriendo mayor poder y territorios más extensos?
4. ¿Quiénes empleaban ejércitos de mercenarios?
5. ¿A quiénes venció Washington en la batalla de Trenton durante la Revolución americana?
6. ¿Con qué coincide el desarrollo del Estado moderno?
7. ¿Qué es el nacionalismo?

Ejercicio 3   Explain.

¿Por qué son necesarias las grandes poblaciones para el funcionamiento eficaz de la industria y del comercio?

Capítulo 4
GOBIERNO, ESTADO Y NACION

Para muchas personas los tres términos «gobierno», «Estado» y «nación» tienden a ser casi sinónimos. Vale la pena entonces definir los términos. He aquí algunas definiciones de «gobierno»: (1) «los individuos o grupos que controlan el aparato del Estado y dirigen el poder del Estado», (2) «un grupo de personas dentro del Estado que tienen la autoridad total para obrar en nombre del Estado», (3) «el conjunto de los ministros de un Estado».

Según todas las definiciones, estos individuos o grupos formulan las políticas y los reglamentos que son obligatorios, autorizados y difundidos por toda la sociedad. Las decisiones que toman afectan profundamente la vida diaria de todos los ciudadanos. Ellos, y solamente ellos, tienen la autoridad de tomar las decisiones que todos los habitantes del Estado tienen la obligación de aceptar y acatar.

Gobierno y Estado

El gobierno y su burocracia no son el Estado. El gobierno y la burocracia obran por el Estado, pero el Estado es mucho más. Aunque se reconoce que el Estado es algo más que el gobierno y la burocracia, no es fácil definir precisamente lo que es, y resulta algo ambiguo. Lo más sencillo sería decir que el Estado es también una entidad tanto abstracta como real.

Pero en el caso de muchos estados relativamente nuevos, compuestos de poblaciones muy heterogéneas, el gobierno y la burocracia a veces participan de una manera muy directa en la política nacional para su propio beneficio. El aparato burocrático gobierna autoritariamente favoreciendo a los miembros de su grupo étnico, su región o su propia familia. Esta identificación del gobierno con el Estado rara vez ha llegado al extremo de la declaración del rey Luis XIV de Francia: «El Estado soy yo».

Estado y nación

Si bien para la mayoría de la gente «nación», «Estado» y «país» significan lo mismo, «nación» y «Estado» llevan unas definiciones muy precisas en la Ciencia Política. Una nación es un grupo importante de personas vinculadas[1], que reconocen[2] una semejanza entre sí, porque comparten una cultura común, especialmente una misma lengua. Un Estado es una unidad política que goza de

---

[1]*related, tied*   [2]*recognize*

soberanía total, que tiene la responsabilidad total por la conducta de sus asuntos. Mientras que una nación es una agrupación cultural y, en particular, lingüística, de personas que se sienten unidas, el Estado es una unidad política.

Estos conceptos de nación y Estado son muy importantes. En Europa las «naciones» y los «estados» no siempre coinciden geográficamente. Por ejemplo, Euskadi, la nación vasca, existe a ambos lados de los Pirineos, en Francia y en España. Pero los vascos son ciudadanos del Estado español o del Estado francés. Lo mismo ocurre en Alemania, en Austria y en partes de Suiza e Italia. En las cuatro áreas las poblaciones son de etnicidad alemana. En Africa, en particular, como herencia del colonialismo, existen estados que poco tienen que ver con naciones. Los europeos establecieron las fronteras entre estados arbitrariamente, sin tomar en cuenta los grupos étnicos que habitaban las zonas afectadas. Los resultados de esa arbitrariedad con frecuencia han sido sangrientos[3]. Masacres y guerras civiles han sido la norma en muchas áreas. Estos son algunos ejemplos de los años 90.

Yugoslavia Este Estado balcano fue creado en 1929 después de la Primera Guerra Mundial. Antes había sido parte de Austria-Hungría y se componía de Croacia, Serbia, Eslovenia, Bosnia y Herzegovina. En Yugoslavia había media docena de grupos étnicos importantes, cada uno con su propio idioma y religión. En 1991 los diferentes grupos se armaron. Los croatas declararon su independencia, lo mismo que hicieron durante la Segunda Guerra Mundial. Hubo luchas armadas contra tropas del gobierno, mayormente serbios. Después, Bosnia declaró su independencia. Las Naciones Unidas mandaron observadores. Trataron de encontrar una resolución pacífica. Se observó la desmembración[4] de Yugoslavia en 1992.

La Unión Soviética Varias repúblicas soviéticas optaron por la autonomía y, en el caso de las repúblicas bálticas, Latvia y Lituania, la independencia. En las repúblicas de Armenia y Azerbaiyán hubo luchas violentas entre las dos poblaciones. En 1991-1992, Ucrania se independizó. Rusia, el mayor de los estados de la antigua Unión Soviética, trató de establecer una «confederación de estados independientes».

Iraq, Turquía, Irán Después de la Guerra del Golfo Pérsico de 1991, los kurdos iraquíes se levantaron contra el gobierno iraquí. Los kurdos, miembros de un grupo étnico con su propia cultura y lengua, viven en lo que ellos llaman Kurdistán. Lamentablemente, Kurdistán es una nación, pero no un Estado. Kurdistán se encuentra en Iraq, Irán y Turquía. Los kurdos han luchado desde hace siglos por tener su propia patria. Después de la Primera Guerra Mundial, las potencias europeas fijaron las fronteras entre Iraq, Irán y Turquía. Se olvidaron de los kurdos. Como resultado, esa región ha sufrido más de medio siglo de lucha intermitente y sangrienta.

Sri Lanka Hubo una guerra civil entre los cingaleses y los tamiles. El gobierno indio envió tropas a Sri Lanka. Algunos atribuyen el asesinato en 1991 de Rajiv Ghandi, ex Primer Ministro de la India, a los separatistas tamiles.

---

[3]*bloody*   [4]*separating, breaking apart*

Etiopía Los eritreos, junto con otros grupos, después de años de lucha, derrocaron el gobierno central de Etiopía en 1991. Los eritreos son un grupo étnico que habita Eritrea, antigua colonia italiana (1889-1896 y 1936-1941) y protectorado británico (1941-1952). En 1952 Eritrea se incorporó a Etiopía.

Africa En la década de los 90 hubo luchas interinas entre grupos étnicos en Somalia y en muchos otros países.

Se puede esperar que los conflictos sigan siempre que haya una desconformidad entre las fronteras de los estados y el concepto de nación que tienen sus habitantes.

ESTUDIO DE PALABRAS

Ejercicio 1   Study the following cognates that appear in this chapter.

el gobierno	la etnicidad	directo
el Estado	la herencia	nacional
la nación	el colonialismo	autoritariamente
el término	la frontera	étnico
la definición	el resultado	violento
la autoridad	la arbitrariedad	central
el ministro	la frecuencia	intermitente
la sociedad	el masacre	lingüístico
la obligación	la norma	
la burocracia	la independencia	controlar
la ambigüedad	la república	dirigir
la entidad	el asesinato	formular
la manera	el primer ministro	afectar
el grupo	el separatista	participar
la región	el protectorado	gobernar
la familia	la década	favorecer
la identificación	el conflicto	establecer
el extremo	la desconformidad	habitar
la cultura		armar
la unidad	obligatorio	declarar
la soberanía	autorizado	sufrir
la responsabilidad	abstracto	atribuir
la conducta	heterogéneo	

Ejercicio 2   Complete each expression with the appropriate word(s).

1. to formulate policies   _____ las políticas
2. national politics   la política _____
3. national policy   la política _____
4. political unity   la unidad _____
5. cultural grouping   la agrupación _____
6. arbitrary borders   las fronteras _____

7. ethnic group   el _____ étnico
8. civil war   la guerra _____
9. to declare independence   declarar la _____
10. national government   el gobierno _____
11. Soviet Republic   la _____ soviética
12. central government   el _____ central
13. British protectorate el _____ británico
14. concept of nation   el _____ de nación

Ejercicio 3   Select the appropriate word to complete each statement.

participar   Estado   definición
controlar   nación   responsabilidad
afectar   autoridad   cultura
declarar   entidad   separatistas

1. El gobierno, el _____ y la _____ son tres _____ que tienen casi la misma _____, es decir, que significan casi la misma cosa.
2. En una sociedad democrática el pueblo tiene el derecho de _____ en el gobierno. El gobierno no puede _____ al pueblo autoritariamente.
3. El presidente o el primer ministro de una nación tiene la _____ y la _____ de gobernar.
4. Lo que hace el gobierno puede _____ la vida diaria de los ciudadanos.
5. La _____ incluye la religión, la lengua, las costumbres, etc.
6. El Estado es una _____ política.
7. Los _____ vascos no quieren formar parte del Estado español. Ellos quieren _____ su independencia.

Ejercicio 4   Match the verbs in Column A with related nouns in Column B.

A	B
1. declarar	a. el sufrimiento
2. asesinar	b. la autoridad
3. atribuir	c. la conducta
4. sufrir	d. el arma
5. armar	e. la declaración
6. resultar	f. el gobierno
7. habitar	g. el asesinato, el asesino
8. gobernar	h. la dirección
9. agrupar	i. el atributo
10. autorizar	j. el resultado
11. dirigir	k. el habitante, la habitación
12. conducir	l. la agrupación

Ejercicio 5   Give the word or expression being defined.
1. despóticamente, no democráticamente
2. la calidad de incierto, de doble sentido

3. el grupo total de los empleados civiles (del gobierno)
4. tomar parte en
5. el confín o límite de un Estado
6. de naturaleza diferente
7. el desacuerdo, la falta de conformidad entre las cosas y falta de acuerdo entre las personas

Ejercicio 6   Match the word in Column A with its definition in Column B.

A	B
1. la manera	a. la lucha, la batalla, la discusión
2. la región	b. aplicar, dar, conferir
3. formular	c. el modo
4. obligatorio	d. vivir
5. afectar	e. la zona, el área
6. heterogéneo	f. que se interrumpe, que no se hace continuamente
7. habitar	
8. atribuir	g. exponer o expresar algo
9. el conflicto	h. que tiene fuerza legal
10. intermitente	i. lo contrario de «homogéneo»
	j. hacer una impresión

Ejercicio 7   Match the English word or expression in Column A with its Spanish equivalent in Column B.

A	B
1. regulation	a. el asunto
2. language	b. la guerra
3. matter, point	c. acatar
4. grouping	d. la lucha
5. war	e. el reglamento
6. worldwide	f. derrocar
7. fight	g. la lengua
8. power	h. levantarse
9. to bring down, overthrow	i. la agrupación
10. to obey (laws)	j. compartir
11. to rise up	k. la potencia
12. to share	l. interino
13. temporary, provisional	m. mundial

Ejercicio 8   Complete each statement with the appropriate word(s).
1. Al dictador no le gusta _____ el poder con nadie.
2. La _____ es una serie de _____ o batallas.
3. La Segunda _____ empezó en Europa.
4. Después de la revolución había un gobierno _____.
5. Algunas grandes _____ hoy día son los EE.UU., China, el Japón y Alemania.

6. Los ciudadanos tienen que _____ las leyes de la nación.
7. Las tropas eran leales y no querían _____ contra el dictador.
8. Los revolucionarios querían _____ al gobierno.

Ejercicio 9   Give an equivalent word or expression for each of the following.
1. temporero, provisional
2. obedecer
3. la batalla
4. la cuestión
5. del mundo

COMPRENSION

Ejercicio 1   Answer.
1. ¿Cuáles son tres términos que son casi sinónimos?
2. ¿Es fácil o difícil definir precisamente lo que es el Estado?
3. ¿Es el gobierno el Estado?
4. ¿Cuándo se identificó el gobierno con el Estado de una manera extrema?
5. ¿Cuándo hay una desconformidad entre las fronteras del Estado y el concepto de nación?

Ejercicio 2   True or false?
1. Las decisiones que toman los grupos o individuos que forman el gobierno afectan profundamente la vida diaria de los ciudadanos del Estado.
2. Sólo los individuos que controlan el aparato del Estado tienen la autoridad de tomar decisiones que tienen que aceptar y acatar los habitantes del Estado.
3. El gobierno es el Estado.
4. El gobierno obra por el Estado.
5. El Estado es una agrupación cultural.
6. La nación es una unidad política.
7. Afortunadamente las naciones y los estados siempre coinciden geográficamente.

Ejercicio 3   Give a definition for each of the following.
1. una nación
2. un Estado

Ejercicio 4   Follow the directions.
Dé algunos ejemplos del establecimiento de fronteras arbitrarias que no toman en cuenta los grupos étnicos que habitan las zonas afectadas. ¿Cuál es el resultado de esta arbitrariedad? ¿Por qué?

Capítulo 5
AUTORIDAD Y LEGITIMIDAD

Según los sociólogos, el Estado es la organización social que tiene un monopolio sobre el empleo de la coacción física dentro de determinado territorio. El Estado se basa en la fuerza, en el poder cuya base es la amenaza o la aplicación del castigo. Lo único que se puede emplear para dominar ese poder es un poder superior. Por eso, los estados soberanos limitan o prohíben a sus súbditos el empleo independiente de la fuerza. De otra forma, los gobiernos no podrían sofocar las tentativas armadas contra su poder. A pesar de que la fuerza es, en última instancia, la base del Estado, el empleo de esa fuerza ocurre solamente en situaciones anormales.

Autoridad

La autoridad es el poder que se ha institucionalizado y que es reconocido por el pueblo que se somete a ese poder. Normalmente la «autoridad» se refiere a aquéllos cuyo poder legítimo se deriva del cargo o del rango que tienen por haber sido elegidos o por otro tipo de reconocimiento público. Max Weber (1864-1920), sociólogo alemán, presentó tres categorías de autoridad: la tradicional, la legal-racional y la carismática.

Autoridad tradicional En un sistema político basado en la autoridad tradicional, la costumbre y las prácticas aceptadas son lo que otorga el poder. Un ejemplo de autoridad tradicional es la monarquía. El monarca hereda el poder cuando hereda la corona[1]. Sus características personales, su competencia o incompetencia y la opinión que tiene el pueblo de él no tienen ninguna importancia. La monarquía absoluta, en la que el monarca determina las leyes y la política, hoy existe casi exclusivamente en las sociedades preindustriales. Sin embargo, hasta la Segunda Guerra Mundial, para los japoneses el emperador era un ser divino con autoridad absoluta.

Autoridad legal-racional La autoridad legal-racional es el poder legitimado por la ley y unos procedimientos racionales. Los que ejercen el poder en estas sociedades derivan su autoridad de las leyes y reglamentaciones codificadas de los sistemas políticos. Las leyes y reglamentaciones comúnmente se encuentran codificadas en las constituciones de muchos países. Los gobernantes con autoridad legal-racional sirven al pueblo, por lo menos en teoría. En estos sistemas los ciudadanos obedecen, no a una persona, sino a unos principios impersonales racionalmente concebidos. El poder pertenece al cargo, no al individuo. El pueblo

---

[1]*crown*

acepta la autoridad del gobierno porque acepta el concepto de la supremacía de la ley, y está de acuerdo con que los principios, reglamentos y mandatos del gobierno son formulados de acuerdo con las normas que el pueblo acepta. Cuando es obvio que un gobernante se excede en el empleo del poder inherente a su cargo, entonces se considera que su autoridad es ilegítima.

Autoridad carismática La autoridad carismática se hace legítima por medio de las extraordinarias características personales que el pueblo ve en un individuo. Ejemplos de líderes carismáticos son el indio Ghandi, el Ayatola Jomeini en Irán, el cubano Fidel Castro y el norteamericano Martin Luther King. Por ser tan personal, la autoridad carismática tiene que legitimarse por otros medios o muere con el individuo que la posee. En Cuba, por ejemplo, Castro llegó al poder en 1959 como caudillo[2] de una revolución popular. Pero en las décadas siguientes Castro trató de legitimizar su revolución y su autoridad con unas elecciones, sin oposición.

Es común que haya combinaciones de los tres tipos de autoridad. La autoridad del Presidente estadounidense John F. Kennedy era de tipo legal-racional; él había sido elegido legítimamente. Pero también era un líder carismático que gozaba de la lealtad personal de millones de ciudadanos.

Fuentes de legitimidad

Por hechos y resultados La legitimidad por hechos y resultados es lo que se llama la legitimidad que el gobierno deriva por proveer al pueblo lo que quiere— la seguridad, tanto física como económica, el orgullo nacional, etc. Cuando el gobierno puede proveerlos, su legitimidad crece; cuando no puede proveerlos, su legitimidad disminuye en los ojos del pueblo. Este tipo de legitimidad tiene su lado negativo. En la antigua Roma el gobierno proveía «pan y circo» para complacer al pueblo. En la Italia moderna, Mussolini secó pantanos[3], levantó monumentos e hizo que los trenes «llegaran a tiempo». Al mismo tiempo se le quitó al pueblo muchos de sus derechos. No obstante, el pueblo apoyaba al gobierno porque el gobierno satisfacía sus necesidades.

Por costumbre La legitimidad también se puede derivar de la costumbre. Sólo con estar en el poder durante mucho tiempo, un gobierno recibe la obediencia del pueblo. La gente sabe que hay que tener algún tipo de gobierno para poder funcionar. Así, si un gobierno ha estado en el poder, el pueblo normalmente lo acepta, a no ser que aparezca una alternativa más atractiva.

Por razones étnicas, históricas o religiosas Si el pueblo se identifica con el gobierno por razones étnicas, históricas o religiosas, este hecho también puede otorgarle legitimidad al gobierno. Los movimientos anticoloniales e independentistas en la India (el partido congresista), Argelia (el Frente de liberación nacional) y en otros países llegaron al poder y se instalaron con el apoyo del pueblo, apoyo que se basaba en el papel de esos grupos en la lucha por la independencia. En Irán, la legitimidad del gobierno del Ayatola Jomeini y sus sucesores se basaba en sus vínculos con la secta chiíta.

---

[2]*leader, commander*   [3]*dried up marshlands*

Legitimidad procesal La legitimidad procesal es la que un gobierno obtiene por haber seguido una serie de procedimientos confiables[4] durante su fundación. Los procedimientos tienen que ser respetados por la gran mayoría de los ciudadanos, para que el gobierno comience a actuar con la confianza del pueblo. Los procedimientos electorales en las democracias son, en gran parte, lo que otorga a los gobiernos su legitimidad.

---

[4]*trustworthy, reliable*

ESTUDIO DE PALABRAS

Ejercicio 1 Study the following cognates that appear in this chapter.

el sociólogo	la seguridad	formulado
la organización	la legitimidad	inherente
el monopolio	la obediencia	ilegítimo
el territorio	el movimiento	físico
la aplicación	el frente	económico
la situación	la liberación	independentista
la autoridad	el sucesor	nacional
la práctica	la secta	electoral
la monarquía		
la característica	social	dominar
la competencia	superior	limitar
la incompetencia	independiente	prohibir
la opinión	armado	institucionalizar
la sociedad	anormal	elegir
la constitución	público	servir
la teoría	carismático	suscribir
el concepto	tradicional	exceder
la supremacía	racional	proveer
el mandato	aceptado	disminuir
la norma	personal	funcionar
el líder	preindustrial	instalar
la revolución	absoluto	
la oposición	impersonal	

Ejercicio 2 Complete each expression with the appropriate word(s).

1. public recognition   el reconocimiento _____
2. accepted practices   las prácticas _____
3. armed attempt   la tentativa _____
4. abnormal situation   la _____ anormal
5. legitimate government   el gobierno _____
6. charismatic leader   el líder _____
7. absolute monarchy   la monarquía _____

8. preindustrial society   la _____ preindustrial
9. absolute authority   la autoridad _____
10. impersonal principles   los principios _____
11. economic security   la seguridad _____
12. National Liberation Front   el Frente de _____
_____
13. electoral procedures   los procedimientos _____
14. independence movement   el _____ independentista
15. procedural legitimacy   la _____ procesal

Ejercicio 3 Select the appropriate word(s) to complete each statement.
1. Ellos son miembros de la _____. Están en contra.
   a. autoridad   b. oposición   c. revolución
2. El gobierno _____ tiene el derecho de regir y gobernar al pueblo.
   a. legítimo   b. autoritario   c. público
3. El rey rige en una _____.
   a. democracia   b. revolución   c. monarquía
4. Un líder _____ es generalmente un gobernante popular.
   a. físico   b. carismático   c. tradicional
5. La policía trata de asegurar la seguridad _____ del pueblo.
   a. física   b. económica   c. médica
6. _____ es el que va a reemplazar o suceder al gobernante.
   a. La elección   b. El sucesor   c. El monarca

Ejercicio 4 Match the verbs in Column A with related nouns in Column B.

A	B
1. obedecer	a. la oposición
2. disminuir	b. el suceso, el sucesor
3. oponer	c. el exceso
4. exceder	d. la prohibición
5. reconocer	e. la obediencia
6. elegir	f. la elección
7. prohibir	g. la disminución
8. suceder	h. el reconocimiento

Ejercicio 5 Give the word or expression being defined.
1. la falta de aptitud para hacer algo
2. sano, razonable, dotado de razón
3. legal, auténtico, conforme a la ley
4. no permitir, no dejar hacer, no dejar pasar
5. una extensión de tierra
6. la ley fundamental de una nación
7. el rey
8. el grado más alto de superioridad

Ejercicio 6   Match the word or expression in Column A with its definition in Column B.

A	B
1. el concepto	a. con armas
2. el mandato	b. escoger por voto
3. inherente	c. el modelo, el criterio, la regla
4. armado	d. por naturaleza
5. dominar	e. el orden
6. anormal	f. sujetar
7. elegir	g. los que están en contra
8. la norma	h. la idea, la noción
9. la oposición	i. contra lo normal
10. el líder	j. el jefe

Ejercicio 7   Match the English word or expression in Column A with its Spanish equivalent in Column B.

A	B
1. coercion, duress	a. la amenaza
2. force	b. la tentativa
3. power	c. el poder
4. threat	d. la reglamentación
5. punishment	e. la coacción
6. subject, citizen	f. el cargo
7. attempt	g. la fuerza
8. charge	h. el rango
9. rank, class, order	i. el castigo
10. process	j. el principio
11. principle	k. el súbdito
12. regulation	l. el procedimiento

Ejercicio 8   Complete each statement with the appropriate word(s).
1. Es ilegal tratar de persuadir a alguien a hacer algo bajo _____.
2. Como _____ por una acción criminal, el convicto tiene que pasar tiempo en la cárcel (penitenciaría).
3. A veces la _____ de un _____ puede disuadir a un criminal.
4. Los españoles son todos _____ del Estado español.
5. Había una _____ para tratar de derrocar el gobierno y sustituirlo con otro.
6. Hay muchos _____ de oficiales militares.
7. Es el presidente que tiene el _____ de gobernar al pueblo.
8. A veces es necesario emplear la _____ para mantener el orden público.

Ejercicio 9   Give the word or expression being defined.
1. el proceso
2. la base o el fundamento sobre el cual se funda una cosa
3. el ciudadano
4. la responsabilidad, el deber u obligación de hacer algo
5. la autoridad; la autorización para hacer algo; la fuerza coactiva de un país
6. la violencia que se hace a alguien para que haga algo

Ejercicio 10   Match the English word or expression in Column A with its Spanish equivalent in Column B.

A	B
1. the people	a. otorgar
2. to inherit	b. el ser divino
3. to stifle, put down (an uprising)	c. el emperador
4. to submit	d. heredar
5. to grant	e. ejercer
6. to exercise	f. la confianza
7. emperor	g. el pueblo
8. divine being	h. el derecho
9. to support, back	i. sofocar
10. pride	j. someter
11. right	k. apoyar
12. confidence	l. el orgullo

Ejercicio 11   Match the word or expression in Column A with its definition in Column B.

A	B
1. otorgar	a. hacer, practicar
2. el ser	b. la gente
3. ejercer	c. ayudar, confirmar, dar soporte
4. someter	d. dar, conceder
5. el pueblo	e. dominar, vencer, sujetar, subyugar
6. apoyar	f. el ente, el individuo, la persona

Ejercicio 12   Complete each statement with the appropriate word(s).
1. En una sociedad democrática cada _____ puede y debe _____ sus _____.
2. Es necesario que el _____ tenga _____ en el individuo que gobierna.
3. Al presidente de los EE.UU. se le _____ el _____ para gobernar el país.
4. En muchos países en que existe la dictadura militar, no es raro que el dictador trate de _____ al pueblo a injusticias. En este caso el pueblo tiende a no _____ el gobierno y en algunos casos el pueblo trata de _____ el gobierno.

5. Hirohito era el _____ del Japón.

6. Al emperador se le consideraba un _____.

COMPRENSION

Ejercicio 1   Answer.

1. ¿En qué se basa el Estado?
2. ¿Cuál es la base del poder?
3. ¿Qué es lo único que se puede usar para dominar ese poder?
4. ¿Por qué limitan los estados soberanos el empleo independiente de la fuerza?
5. ¿Cuál es un ejemplo de la autoridad tradicional?
6. Bajo la autoridad legal-racional, ¿a qué obedecen los ciudadanos?
7. ¿Por qué acepta el pueblo la autoridad del gobierno?
8. ¿Cuándo disminuye la legitimidad del gobierno en los ojos del pueblo?

Ejercicio 2   True or false?

1. Como la fuerza es la base del Estado, se usa la fuerza con frecuencia.
2. En una monarquía, el monarca hereda el poder cuando hereda la corona.
3. Aunque el monarca hereda su poder, su competencia y la opinión que tiene el pueblo de él tienen también mucha importancia.
4. La autoridad legal-racional dicta que el pueblo obedezca a una persona.
5. Cuando el gobierno puede proveer la seguridad física y económica y el orgullo nacional, su legitimidad crece.
6. A veces el pueblo se identifica con el gobierno por razones étnicas, históricas o religiosas.
7. A veces la identificación étnica o religiosa le otorga legitimidad al gobierno.

Ejercicio 3   Explain each of the following terms.

1. la autoridad
2. la monarquía absoluta
3. la autoridad carismática
4. la legitimidad procesal

Capítulo 6
IDEOLOGIAS POLITICAS I

Ideología

Una ideología es un conjunto de creencias e ideas que le proveen al individuo los conceptos de las metas de un movimiento social o político, las razones por las que existe el movimiento y un plan de acción. A nivel personal, una ideología le ayuda a la persona a comprender fácil y rápidamente el sentido de las múltiples cuestiones políticas que se le presentan. A nivel público, en la política, la ideología es el punto de partida en los argumentos. Es el marco dentro del cual se desarrolla el razonamiento político. La ideología es, entonces, una serie de ideas organizadas que ayudan al individuo a entender la política y a argüir efectivamente ante el público.

Ideologías europeas de los siglos XVIII y XIX

Durante los siglos XVIII y XIX en Europa se desarrollaron tres importantes ideologías políticas: el liberalismo, el conservadurismo y el socialismo. Estas tres ideologías han sido el marco dentro del cual se ha llevado a cabo casi todo el debate político hasta nuestros tiempos.

Para comprender estas ideologías, primero hay que pensar en los antecedentes. El orden social de la Europa medieval se caracterizaba por unos patrones de dominio y responsabilidad mutua. Los campesinos eran siervos de un señor, normalmente un noble. El campesino pagaba rentas al señor y le debía determinados períodos de tiempo para trabajar sus tierras, construir caminos o luchar en guerras. Por su parte, el señor protegía a sus siervos y los ayudaba cuando se veían necesitados. La industria y el comercio existían sólo en forma muy primitiva. Había gremios[1] para los artesanos. Los gremios determinaban la cantidad y el precio del producto y la forma en que se podía hacer. Los reyes frecuentemente gozaban de monopolios sobre ciertos productos básicos como la sal. El transporte era dificilísimo. Había que pagar tributo a infinidad de oficiales locales por todo el camino.

La Revolución industrial requería un cambio radical en la organización social. La industria y el comercio en gran escala no podían funcionar bajo las restricciones medievales. Los grandes y potentes industriales y empresarios se dedicaron a cambiar y modernizar la sociedad. El Estado moderno es una consecuencia. Otro resultado fue el liberalismo como ideología.

Liberalismo Los industriales y empresarios no inventaron el liberalismo, pero si, lo aceptaron. El liberalismo es obra de intelectuales y pensadores como John

---

[1]*trade guilds*

Stuart Mill (1806-1873). Según el liberalismo, el mejor bien que la sociedad puede aportar es el de proveerles a todos sus miembros la posibilidad de desarrollar sus capacidades individuales al máximo. Esto conlleva[2] la idea de que cada individuo tiene la máxima responsabilidad por sus acciones, en lugar de obedecer a otros o dejar que otros obren por él. Decía John Stuart Mill: «El mayor propósito de la política es el de permitir que la gente sea madura[3] y responsable. Esto puede ocurrir solamente si toman parte en las decisiones que afectan sus propias vidas. Así que, aunque un déspota benévolo o un monarca pudiera tomar mejores decisiones para el pueblo que el pueblo mismo, la democracia es mejor, porque bajo ella, el pueblo toma sus propias decisiones, con errores y todo. Por consiguiente, alguna forma de democracia es el mejor tipo de gobierno».

He aquí algunos de los preceptos de la ideología liberal.

• La democracia, en alguna forma es el mejor tipo de gobierno.
• El pueblo debe gozar de varias libertades: de palabra, de religión, de asamblea, etc.
• El gobierno debe interferir en la vida de los ciudadanos lo mínimo posible.
• El pueblo debe estar libre para llevar a cabo la actividad económica.
• El gobierno no debe abusar del poder.

Conservadurismo Los partidarios del *statu quo ante,* o sea, de las condiciones existentes, necesitaban una ideología para hacer cara al liberalismo y su desafío[4]. De allí surge el conservadurismo. Para los liberales la sociedad es la suma de las partes y, por consiguiente, la sociedad está satisfecha cuando el grado de satisfacción de los individuos es alto. Los conservadores mantienen que las sociedades son más que sólo la suma de las partes, que un grupo de personas puede crear mayor grado de felicidad por medio de su existencia y continuación como grupo, que lo que pueden crear los miembros individualmente. Para los conservadores, el liberalismo es una doctrina egoísta y aisladora que motiva a los individuos a mejorarse[5] sin preocuparse de las necesidades del prójimo. Los conservadores consideran muy importantes el orden y la estructura en la sociedad. Valoran la estabilidad. Creen que es bueno que cada uno conozca su lugar y su «status» con respecto a los otros. Los conservadores creen que se deriva mayor satisfacción al ser miembro de una familia, de una iglesia y de una sociedad que como un individuo solo.

Un contraste obvio entre liberales y conservadores es su idea del poder. El liberal sospecha del poder y trata de limitarlo. El conservador considera el poder junto con la responsabilidad. Para el conservador, un monarca o un presidente poderoso no es uno que puede obrar caprichosamente[6], sino uno que lleva una responsabilidad imponente y que tiene pocas opciones en el empleo del poder. Los conservadores también enfatizan[7] la responsabilidad de los poderosos para con los débiles[8]. Hay que hacer hincapié en que esta descripción es del conservadurismo europeo y no norteamericano.

Conservadurismo norteamericano El conservadurismo norteamericano cae dentro de la tradición liberal y se parece muy poco a la versión europea. Algunas características del conservadurismo estadounidense son:

---

[2]*carries with it, assumes*   [3]*mature*   [4]*challenge*   [5]*improve themselves*   [6]*capriciously, whimsically*   [7]*emphasize*   [8]*weak*

- el apoyo a los «valores tradicionales»: la familia, la religión y el patriotismo. Esto se refleja en la oposición al aborto, por ejemplo, y las leyes contra la quema de la bandera.
- la oposición a «demasiado gobierno»: al empleo del poder y de los fondos del gobierno para fines sociales.
- el cuidado de la moral pública: la oposición a la pornografía, a la legalización de las drogas, etc.
- el apoyo a las fuerzas militares.

ESTUDIO DE PALABRAS

Ejercicio 1   Study the following cognates that appear in this chapter.

la ideología	la posibilidad	la pornografía
la idea	la capacidad	la legalización
el individuo	al máximo	la droga
el concepto	el déspota	
el movimiento	la democracia	social
el plan	el error	político
la acción	la decisión	medieval
la cuestión	el tipo	mutuo
el punto	el precepto	primitivo
el argumento	la libertad	local
el liberalismo	la religión	radical
el conservadurismo	la asamblea	moderno
el socialismo	el mínimo	individual
el debate	la condición	benévolo
el antecedente	la suma	existente
el dominio	el grupo	obvio
la responsabilidad	la parte	liberal
la renta	la doctrina	público
la industria	el individuo	
el comercio	la necesidad	argüir (arguyo)
la forma	el orden	caracterizar
el artesano	la estructura	proteger
la cantidad	la satisfacción	requerir
el precio	el contraste	modernizar
el producto	la opción	inventar
el transporte	la tradición	afectar
el oficial	el patriotismo	interferir
la Revolución industrial	la oposición	abusar
la restricción	el aborto	motivar
el Estado	el fondo	limitar
el intelectual	la moral	

Ejercicio 2   Complete each expression with the appropriate word(s).
1. political movement   un _____ político
2. action plan   el _____ de acción
3. on a personal level   a nivel _____
4. point of departure   el _____ de partida
5. political reasoning   el razonamiento _____
6. political ideology   la _____ política
7. political debate   el debate _____
8. social order   el orden _____
9. mutual responsibility   la _____ mutua
10. local officials   los _____ locales
11. Industrial Revolution   la Revolución _____
12. large-scale business   el comercio en gran _____
13. benevolent despot   el _____ benévolo
14. freedom of religion   la libertad de _____
15. freedom of assembly   la _____ de asamblea
16. sum of the parts   la _____ de las _____
17. social stability   la estabilidad _____
18. traditional values   los valores _____
19. government funds   los _____ del gobierno
20. social goals   los fines _____
21. public morality   la moral _____
22. legalization of drugs   la _____ de las drogas

Ejercicio 3   Select the appropriate word(s) to complete each statement.
1. Una ideología es un conjunto de creencias, conceptos e _____.
   a. ideas   b. individuos   c. instituciones
2. El gobernante no debe _____ del poder.
   a. limitar   b. abusar   c. interferir
3. Los que están en contra son partidarios de la _____.
   a. legalización   b. necesidad   c. oposición
4. El liberal cree que el gobierno debe proveer al individuo la oportunidad de desarrollar sus capacidades individuales al _____.
   a. máximo   b. mínimo   c. dominio
5. _____ es una forma de discusión.
   a. La estabilidad   b. El debate   c. El contraste
6. El filósofo es un _____ y pensador.
   a. comerciante   b. artesano   c. intelectual
7. Lo que precedió es _____.
   a. una restricción   b. un precepto   c. un antecedente
8. _____ es un conjunto de opiniones de una escuela religiosa, filosófica, etc.
   a. El concepto   b. La doctrina   c. La libertad

Ejercicio 4   Match the verbs in Column A with related nouns in Column B.

A	B
1. abusar	a. el afecto
2. satisfacer	b. el requisito
3. contrastar	c. la restricción
4. optar	d. la protección
5. oponer	e. el argumento
6. argüir	f. la oposición
7. proteger	g. la opción
8. restringir	h. el contraste
9. requerir	i. la satisfacción
10. afectar	j. el abuso

Ejercicio 5   Match the word or expression in Column A with its definition in Column B.

A	B
1. el concepto	a. recíproco
2. el argumento	b. al mayor grado
3. la responsabilidad	c. extremo
4. mutuo	d. la disputa, la discusión
5. primitivo	e. lo que cuesta
6. el precio	f. la idea
7. radical	g. antiguo
8. al máximo	h. la obligación
9. el contraste	i. usar mal
10. obvio	j. el que está en contra
11. los fondos	k. claro, evidente
12. la opción	l. la diferencia
13. la oposición	m. el capital
14. abusar	n. la elección

Ejercicio 6   Match the English word or expression in Column A with its Spanish equivalent in Column B.

A	B
1. belief	a. el campesino
2. goal	b. desarrollar
3. pattern	c. el empresario
4. peasant	d. la libertad de palabra
5. servant	e. el tributo
6. entrepreneur	f. la meta
7. to develop	g. libre
8. tax	h. la creencia
9. freedom of speech	i. el patrón
10. free	j. el siervo

Ejercicio 7   Give the word or expression being defined.
1. en libertad
2. el impuesto
3. el sirviente, el servidor
4. el habitante de una región rural
5. lo que se cree
6. un tipo que se toma como modelo o punto de referencia
7. el objetivo

Ejercicio 8   Complete each statement with the appropriate word(s).
1. Yo puedo decir lo que me dé la gana porque aquí existe _____.
2. Los adherentes de cada religión tienen sus _____ que se deben respetar.
3. En la Edad Media el _____ no estaba _____ de traer lo que quería (le daba la gana).
4. El gobierno tiene que _____ un plan de acción para satisfacer a la oposición.
5. Los _____ trabajaban la tierra.
6. Muchos industriales son _____.
7. Los campesinos durante la Edad Media tenían que pagar _____ a los nobles.

Ejercicio 9   Match the English word or expression in Column A with its Spanish equivalent in Column B.

A	B
1. isolating	a. sospechar
2. to face up to	b. poderoso
3. fellow person, neighbor	c. la quema de la bandera
4. to suspect	d. aislador
5. powerful	e. el prójimo
6. flag burning	f. hacer cara a

Ejercicio 10   Complete each statement with the appropriate word(s).
1. En una democracia es necesario respetar los derechos del _____.
2. Un gobernante demasiado _____ como un déspota no es deseable.
3. El gobierno tiene que _____ no sólo a los deseos de sus partidarios sino a los de la oposición también.
4. La _____ de la bandera es una forma de protesta.
5. El pueblo _____ de los motivos de sus líderes. No tienen confianza en ellos.

COMPRENSION _____

Ejercicio 1   True or false?
1. Las ideologías políticas se desarrollaron durante la Edad Media.
2. Durante la Edad Media los señores dominaban a los campesinos.

3. Durante la Edad Media había un alto nivel de desarrollo industrial y comercial.
4. Durante la Edad Media los artesanos pertenecían a gremios.
5. Los industriales y los empresarios inventaron el liberalismo.
6. Los liberales son los partidarios del *statu quo ante*.
7. Según los conservadores, un grupo de personas puede crear mayor grado de felicidad que los miembros individualmente.
8. El conservador sospecha del poder y lo trata de limitar a todo costo.
9. El conservadurismo europeo es lo mismo que el conservadurismo estadounidense.

Ejercicio 2   Answer.
1. ¿Qué es una ideología?
2. ¿Por qué le ayuda la ideología al individuo a entender la política?
3. ¿Cuáles son tres ideologías políticas importantes?
4. Durante la Edad Media, ¿cuál fue una responsabilidad de los señores?
5. ¿Cuál fue una obligación de los campesinos?
6. ¿Qué requería un cambio radical en la organización social?
7. Para los liberales, ¿qué es la sociedad?
8. ¿Quiénes consideran muy importantes el orden, la estructura y la estabilidad de la sociedad?

Ejercicio 3   Identify each of the following.
1. tres preceptos del liberalismo
2. tres preceptos del conservadurismo europeo
3. tres preceptos del conservadurismo estadounidense

Capítulo 7
IDEOLOGIAS POLITICAS II

La Revolución industrial y el liberalismo

La Revolución industrial y el liberalismo prometían mucho para la clase obrera. Pero el resultado era, en muchos casos, la explotación de los trabajadores. Los capitalistas trataban a los obreros como si fueran máquinas. Los niños pequeños se veían obligados a trabajar en las fábricas, hasta 14 horas diarias, porque lo que les pagaban a los padres no les bastaba para vivir. El liberalismo atraía[1] a la clase obrera porque se fundaba en la premisa de que todos eran iguales y debían tener igualdad de oportunidad para desarrollar sus talentos. Les atraía la idea de la democracia que les prometía compartir[2] el poder político.

Hasta principios del siglo XX, muchos obreros diestros y sindicatos apoyaban a los partidos liberales. Pero ese apoyo disipaba a medida que los obreros perdían terreno. Sueldos miserables, condiciones de trabajo intolerables y una continua explotación les motivó a buscar alternativas. El liberalismo estaba en contra de la intervención del gobierno. Los obreros querían que el gobierno proveyera protección contra el desempleo y la incapacidad. Querían que el gobierno regulara las condiciones de trabajo: los sueldos mínimos, los horarios, el empleo de menores, los riesgos en las plantas. Pero todo esto iba en contra de los principios del liberalismo.

Socialismo: Carlos Marx y Friedrich Engels Aunque la ideología existía mucho antes que ellos aparecieran y tenía sus grandes pensadores, fueron Marx y Engels los más importantes proponentes del socialismo. En *El Capital* (1867), Marx atacó el capitalismo y el liberalismo de su época. Según Marx, una revolución del proletariado era inevitable. Su teoría, el materialismo dialéctico, mantiene que la historia consiste en el dominio de un grupo, seguido de una revolución en contra de ese dominio y, así, sucesivamente. Era la lucha de clases: la aristocracia contra la burguesía y ambos contra la clase obrera. Para Marx, en cuanto los capitalistas, en su afán[3] por más y más beneficios económicos, llegaran a imponer condiciones verdaderamente intolerables a la masa obrera, entonces estallaría la revolución. Lo inevitable, según Marx, era la victoria de los obreros. Con su victoria, la clase obrera se apoderaría[4] del gobierno, y el gobierno se apoderaría de la industria. Así, los propios obreros, por medio del Estado, controlarían los medios de producción y, por consiguiente, sus propias condiciones de trabajo.

---

[1]*attracted, drew*   [2]*to share*   [3]*desire*   [4]*would take over*

El socialismo es sobre todo una teoría económica. Bajo el socialismo, en su forma más pura, los medios de producción y distribución pertenecen a una colectividad, al pueblo y no a ningún dueño ni empresa privada. El objetivo básico es el de satisfacer las necesidades del pueblo y no el de maximizar los beneficios. Las importantes decisiones económicas las toma el Estado, representando al pueblo. Las grandes industrias (la minería, la agricultura) están en manos del gobierno. A mediados del siglo XIX había solamente unos pocos partidos socialistas en Europa. Para principios del siglo XX, el partido socialdemócrata era el más grande de Alemania, y el socialismo estaba creciendo[5] a un ritmo acelerado en todo el continente.

Comunismo El comunismo, en su forma ideal, es un sistema económico en el cual toda la propiedad se posee comunalmente, y no existen diferencias sociales basadas en la habilidad productiva de la gente. Marx esperaba que las sociedades comunistas evolucionaran de las socialistas con el tiempo.

La Revolución bolchevique de 1917 que resultó en la Unión de Repúblicas Socialistas Soviéticas (U.R.S.S.) transformó el movimiento socialista. Lenin (Vladimir Ilich Ulianov, 1870-1924) y los bolcheviques, después de su victoria, abogaban[6] por la revolución armada y trataron de dominar el movimiento socialista. Otros socialistas mantenían su fe en la democracia. Durante los años 1920 ocurrió una ruptura que dividió el movimiento en dos bandos. Los partidarios de los bolcheviques y la revolución se llamaron «comunistas». Los socialistas democráticos siguieron llamándose «socialistas» o «socialdemócratas» y siguieron obrando dentro de un marco democrático.

Ideologías europeas hoy

Lo que se está viendo hoy es una amalgama de ideologías. Los socialistas europeos se acomodan fácilmente al capitalismo. El partido socialista español obra por la eficiencia, la estabilidad y el crecimiento económico de tal manera que la doctrina de «la lucha de clases» prácticamente desaparece. En Inglaterra los gobiernos socialistas y conservadores alternan sin que haya grandes cambios. En la Europa oriental y en los estados de la antigua Unión Soviética se han ido abandonando los preceptos comunistas básicos. Los gobiernos se ven obligados a modificar sus ideologías para hacer cara a los problemas sociales y económicos.

Ideologías hoy en los EE.UU.

Hasta en los EE.UU., país capitalista por excelencia, ha habido una intromisión[7] del socialismo. El liberalismo norteamericano ha mantenido su apego[8] a la libertad de expresión, por ejemplo, pero a la vez ha aceptado el acomodo a la reglamentación económica. Para confrontar los problemas de la pobreza y la desigualdad de oportunidad, el liberalismo ha dejado crecer el gobierno y ha permitido la intervención del gobierno en la actividad económica.

Para resumir, una ideología política es un conjunto de ideas, convicciones, prejuicios e incluso sentimientos sobre el modo de organización, ejercicio y

---

[5]*growing*   [6]*advocated*   [7]*insertion*   [8]*attachment, adherence*

objetivos del poder político en la sociedad. Entre las funciones de las ideologías están: (1) expresar de manera comprensible, justificar y esconder las exigencias de los intereses; (2) servir de catalizadoras del cambio social; (3) incorporarse a las formas, instituciones y movimientos políticos calificándolos; (4) poner en claro y coordinar las creencias políticas.

ESTUDIO DE PALABRAS

Ejercicio 1   Study the following cognates that appear in this chapter.

el socialismo	la empresa	mínimo
la realidad	el objetivo	menor
la explotación	la minería	inevitable
el capitalista	la agricultura	económico
la premisa	el ritmo	privado
la igualdad	el continente	básico
la oportunidad	el comunismo	acelerado
el talento	la propiedad	comunalmente
la democracia	la diferencia	democrático
la alternativa	el movimiento	social
la intervención	la ruptura	
la protección	el bando	prometer
la planta	el socialista	disipar
el proponente	la amalgama	motivar
la época	la eficiencia	mantener
el proletariado	la estabilidad	consistir
la teoría	la doctrina	controlar
el materialismo	el precepto	evolucionar
la historia	la libertad	resultar
el dominio	la convicción	transformar
la aristocracia		desaparecer
la burguesía	obligado	alternar
la masa	liberal	modificar
la victoria	miserable	confrontar
la industria	intolerable	intervenir
la producción	continuo	
la colectividad	regular	

Ejercicio 2   Complete each expression with the appropriate word(s).

1. working class   la _____ obrera
2. equal opportunity   la igualdad de _____
3. liberal party   el partido _____
4. continuous exploitation   la _____ continua
5. government intervention   la _____ del gobierno
6. work conditions   las _____ de trabajo

7. armed revolution   la _____ armada
8. revolution of the proletariate   la revolución del _____
9. economic benefits   los beneficios _____
10. intolerable conditions   las _____ intolerables
11. economic theory   la teoría _____
12. means of production   los medios de _____
13. means of distribution   los medios de _____
14. private enterprise   la empresa _____
15. to maximize profits   _____ los beneficios
16. social differences   las _____ sociales
17. social change   el cambio _____
18. economic growth   el crecimiento _____
19. freedom of expression   la libertad de _____

Ejercicio 3 Complete each statement with the appropriate word(s).
1. La ideología comunista se basa en la _____ de que todos somos iguales. No existen _____ sociales.
2. La _____ de oportunidad significa que todos tenemos la _____ de buscar y encontrar un buen trabajo o empleo.
3. En las fábricas después de la Revolución industrial existían _____ de trabajo miserables e _____.
4. Europa es un _____.
5. Ocurrió una ruptura en el movimiento que lo separó en dos _____ principales.

Ejercicio 4 Match the word or expression in Column A with its definition in Column B.

A	B
1. transformar	a. el grupo
2. acelerado	b. no colectivo, separado
3. el bando	c. la firmeza
4. continuo	d. modificar, cambiar
5. la masa	e. el conjunto de gente
6. confrontar	f. sin interrupción
7. privado	g. la meta
8. el objetivo	h. rápido
9. la estabilidad	i. que no se puede tolerar
10. intolerable	j. hacer cara a

Ejercicio 5 Match the verbs in Column A with related nouns in Column B.

A	B
1. prometer	a. el mantenimiento
2. explotar	b. la protección
3. intervenir	c. la promesa
4. mantener	d. la distribución

5. controlar
6. distribuir
7. desaparecer
8. alternar
9. proteger

e. la explotación
f. la alternativa
g. la intervención
h. el control
i. la desaparición

Ejercicio 6   Give the word or expression being defined.
1. la clase obrera
2. el conjunto de los ciudadanos de la clase media
3. la clase noble
4. la ideología basada en la propiedad privada y una economía de libre mercado

Ejercicio 7   Match the English word or expression in Column A with its Spanish equivalent in Column B.

A	B
1. worker	a. el sindicato
2. laborer	b. el horario
3. machine	c. desarrollar
4. factory	d. el trabajador
5. skilled laborer	e. el obrero
6. union	f. el obrero diestro
7. salary	g. apoyar
8. to develop	h. el sueldo
9. to support, back	i. la máquina
10. schedule	j. la fábrica

Ejercicio 8   Complete each statement with the appropriate word(s).
1. El _____ típico de trabajo es 40 horas a la semana.
2. En un país industrializado hay muchas _____.
3. En las fábricas hay _____.
4. Los _____ hacen funcionar (operan) las máquinas.
5. El _____ tiene más capacidad que el _____ no diestro.
6. El _____ lucha por los derechos y los beneficios de los _____ que son miembros del _____.
7. El recibe un _____ de 10.000 pesos semanales.
8. Los trabajadores tienen que _____ a los líderes del sindicato.

Ejercicio 9   Match the English word or expression in Column A with its Spanish equivalent in Column B.

A	B
1. risk	a. el prejuicio
2. class struggle	b. maximizar los beneficios
3. to break out (war)	c. la lucha de clases
4. owner	d. el dueño

5. to maximize profits   e. el riesgo
6. prejudice   f. estallar
7. minimum wage   g. el sueldo mínimo

Ejercicio 10 Complete each statement with the appropriate word(s).
1. El objetivo de cualquier gran empresa es el de _____.
2. Para ganar dinero hay que correr _____.
3. El _____ de la empresa es el propietario. Los _____ de una gran empresa como la IBM o la GE son los accionistas.
4. La Revolución bolchevique fue una _____.
5. La Guerra Civil Española _____ en 1936.
6. El que tiene ideas preconcebidas tiene _____.

COMPRENSION

Ejercicio 1 True or false?
1. El liberalismo atraía a la clase obrera porque les prometía compartir el poder político.
2. Marx no atacó el liberalismo, sólo el capitalismo.
3. Según Marx, la clase obrera ganaría la revolución y tomaría el poder del gobierno.
4. El socialismo es más que nada una teoría política.
5. Hoy día se está viendo una amalgama de ideologías que se acomodan entre sí.

Ejercicio 2 Answer.
1. Después de la Revolución industrial, ¿por qué tenían que trabajar los menores en las fábricas con condiciones de trabajo miserables?
2. ¿Qué querían los obreros que hiciera el gobierno?
3. ¿Quién escribió *El capital?*
4. ¿Qué quería Marx?
5. En la lucha de clases, ¿quiénes estaban en contra de quiénes?
6. Según Marx, ¿cuándo estallaría la revolución que él quería?
7. En la forma más pura del socialismo, ¿a quiénes pertenecen los medios de producción y de distribución?
8. ¿Por qué ocurrió una ruptura en el movimiento socialista durante los años 1920?
9. En términos sencillos, ¿qué es una ideología política?

Ejercicio 3 Select the appropriate word(s) to complete each statement.
1. La Revolución industrial y el liberalismo prometían mucho para la _____.
   a. burguesía   b. aristocracia   c. clase obrera
2. El _____ se basaba en la premisa de que todos eran iguales.
   a. liberalismo   b. capitalismo   c. sindicalismo

3. Según Marx, los _____ controlarían los medios de producción y las condiciones de trabajo.

   a. liberales   b. obreros   c. dueños

4. El objetivo básico del socialismo en su forma más pura es el de

   _____.

   a. maximizar los beneficios de las empresas   b. tener un solo partido político   c. satisfacer las necesidades del pueblo

Capítulo 8
CONSTITUCIONES Y ESTRUCTURAS

Constituciones

La gran mayoría de estados modernos tienen una constitución. La constitución es la ley escrita fundamental de la organización de un Estado, organizada sistemáticamente en secciones, títulos, artículos, etc. Algunas de las constituciones en vigor hoy son las siguientes.

- España: la Constitución de 1978 (Desde 1808 ha habido 13 constituciones en España.)
- República Federal Alemana: la Ley Básica
- Canadá: el Acta de Constitución de 1982
- EE.UU.: la Constitución de los Estados Unidos
- Francia: la Constitución de 1791

La más antigua de estas constituciones es la estadounidense, que data de 1787 y que sirvió de modelo para muchas otras constituciones, en particular las de las repúblicas hispanoamericanas.

Las constituciones indican quiénes desempeñarán las funciones políticas más importantes como son el proponer, ratificar e implementar las leyes; la forma para determinar la selección de las personas que tendrán esos cargos; los procedimientos para enmendar la misma constitución y en algunas constituciones una declaración sobre los derechos básicos de los ciudadanos.

«Constituciones» informales A pesar de la existencia de las constituciones escritas, cada Estado se rige también por una constitución informal, normas que aparecen en otros documentos, o normas no escritas, pero aceptadas por la mayoría. Esta constitución se compone de las normas para la distribución del poder, normas conocidas y acatadas. Estas «constituciones» informales existen porque sería imposible codificar en una constitución escrita todas las reglas sobre la distribución del poder.

Esto es verdad tanto para los EE.UU. como para muchas otras naciones. Por ejemplo, en la Constitución de los EE.UU. no se menciona que la Corte Suprema tiene autoridad para invalidar una ley, pero así es; es parte de esa otra constitución. Según la constitución de la antigua U.R.S.S. el Soviet Supremo era el órgano supremo del Estado. Pero la constitución soviética no mencionaba el partido comunista. Así era que en la realidad, el Soviet Supremo sólo ratificaba las decisiones tomadas por el partido comunista. Aunque su importancia según la constitución era enorme, en la realidad de la otra constitución, su importancia era insignificante. La Constitución de los EE.UU. dice que el colegio electoral tiene el poder de elegir al presidente de la República, pero el colegio electoral, igual que el Soviet Supremo, no hace más que ratificar una decisión ya tomada.

Características ideales de las constituciones

Brevedad y vaguedad Las constituciones más antiguas y más efectivas tienden a ser las más breves. La Constitución de los EE.UU. (1787) sólo tiene 4.300 palabras más unas 2.900 de las enmiendas. La Lay Básica de la República Federal Alemana (1949) tiene 19.700 palabras. Dos de los estados más antiguos carecen[1] por completo de constitución escrita. El Vaticano y Gran Bretaña se rigen por un cuerpo de documentos, tradiciones y costumbres que constituyen su constitución, no escrita, pero universalmente aceptada. Las constituciones modernas tienden a ser específicas, detalladas y complicadas. Demasiado detalle en una constitución la hace rígida y difícil de adaptar a las condiciones que cambian a través del tiempo.

Compatibilidad con las tradiciones El pueblo no debe solamente obedecer la constitución sino creer en ella y apoyarla. Los ciudadanos tienen que identificarse con el sistema. Por eso, una constitución no puede apartarse demasiado de lo que la gente espera del Estado.

Posibilidad de enmienda Las condiciones y las necesidades cambian con el tiempo. Una constitución debe proveer para su propia enmienda. Los procedimientos para enmendar una constitución deben ser tales que aseguren que no se enmiende caprichosamente y que refleje los deseos de la gran mayoría de los ciudadanos.

Provisión de incentivos Las constituciones indican quiénes ejercerán el poder y cuáles serán sus responsabilidades. Se espera que los oficiales obren según la constitución y para el beneficio del pueblo. La constitución debe también indicar las recompensas que se otorgarán a los oficiales que obren bien y los castigos que se impondrán a los que obren en prejuicio del Estado.

Federalismo y unionismo

La mayoría de los estados modernos tienen un gobierno central o un gobierno federal.

Estado unionista Un estado unionista tiene un gobierno central donde se concentra el poder. Aunque haya gobiernos regionales o municipales, son subordinados al gobierno central. Cualquier decisión tomada por ellos puede ser abrogada[2] por el gobierno central. Francia es un ejemplo de un Estado unionista con un gobierno central poderoso. El gobierno central lo dirige todo. Si se quiere construir una escuela en Marsellas, hay que pedírsela a París. Los estados unionistas tienen mayor éxito cuando se trata de países bastante unidos y homogéneos.

---

[1]*lack*   [2]*repealed*

Estado federal En los estados federales, el gobierno central y los gobiernos estatales, regionales o provinciales comparten el poder. Cada uno tiene el monopolio del poder dentro de ciertas categorías. La misma gente y el mismo territorio se ven gobernados por varios gobiernos. En los EE.UU., un Estado federal, la Constitución indica cuáles son los poderes del gobierno federal y otorga todos los poderes no indicados a los diferentes estados. En la República Federal Alemana los gobiernos regionales tienen control total de la educación y de los medios de comunicación masiva—la radio y la televisión. El gobierno federal se responsabiliza de la defensa nacional, la diplomacia, la moneda, el correo, el transporte aéreo y los ferrocarriles.

España es un país formado de unas cuantas regiones de distintas tradiciones, culturas y hasta idiomas. Durante la antigua monarquía el gobierno era centralizado. Durante la Segunda República (1931-1939) había regiones autónomas. Durante el régimen de Franco (1939-1973) el gobierno fue otra vez centralizado. Hoy, de nuevo, las regiones o «autonomías» gozan de cierta autonomía con control sobre varios aspectos de su vida política.

La Unión Soviética era la Unión de Repúblicas Socialistas Soviéticas. Se suponía que cada república gozara de bastante autonomía. Aunque cada república tenía esta estructura gubernamental, la toma de decisiones tradicionalmente se efectuaba en Moscú por el partido comunista. Esto ha cambiado. Hoy las repúblicas gozan de autonomía y hasta de independencia.

La tendencia hoy es hacia la descentralización. El gobierno francés ha emprendido unas cuantas reformas descentralizadoras. Otros gobiernos han hecho lo mismo. Todo el mundo quiere evitar las sangradas[3] que, con frecuencia, resultan de las luchas separatistas.

---

[3]*blood baths*

ESTUDIO DE PALABRAS

Ejercicio 1 Study the following cognates that appear in this chapter.

la constitución	el órgano	la televisión
la sección	el colegio electoral	la defensa
el título	la necesidad	la diplomacia
el artículo	la provisión	el transporte
el modelo	el incentivo	la región
la función	la recompensa	la autonomía
la selección	el federalismo	la descentralización
la declaración	el unionismo	la reforma
la existencia	el monopolio	
la norma	el control	fundamental
el documento	la educación	político
la distribución	la comunicación	supremo
la autoridad	la radio	específico

detallado	total	implementar
universalmente	masivo	determinar
rígido	nacional	codificar
regional	aéreo	mencionar
municipal	centralizado	invalidar
subordinado	autónomo	adaptar
central		imponer
federal	indicar	construir
homogéneo	proponer	
estatal	ratificar	

Ejercicio 2   Complete each expression with the appropriate word(s).

1. political functions   las funciones _____
2. amendment to the constitution   una enmienda a la _____
3. basic rights   los derechos _____
4. distribution of power   la _____ del poder
5. supreme court   la corte _____
6. electoral college   el _____ electoral
7. federal government   el _____ federal
8. central government   el gobierno _____
9. regional government   el gobierno _____
10. state government   el _____ estatal
11. provincial government   el gobierno _____
12. municipal government   el gobierno _____
13. centralized government   el gobierno _____
14. means of communication   los medios de _____
15. mass communication   la _____ masiva
16. air transport   el _____ aéreo
17. autonomous State   el Estado _____
18. total control   el _____ total
19. national defense   la defensa _____

Ejercicio 3   Match the word or expression in Column A with its definition in Column B.

A	B
1. supremo	a. del estado
2. rígido	b. lo que se recibe
3. adaptar	c. preciso
4. la recompensa	d. la parte
5. regional	e. estricto, inflexible
6. la sección	f. de la ciudad
7. específico	g. ajustar una cosa a otra, acomodar
8. municipal	h. igual, lo mismo
9. estatal	i. de la región
10. homogéneo	j. del grado o rango más alto

Ejercicio 4 Complete each statement with the appropriate word(s).

1. La _____ es la ley fundamental de muchos países.
2. La Constitución de los EE.UU. sirvió de _____ para muchas otras constituciones.
3. Hay tres etapas en el establecimiento de una ley. Hay que _____ la ley, _____ la ley y luego poner en práctica la ley.
4. Es algo que es aceptado por todos. Se acepta _____.
5. El gobierno federal es el gobierno _____.
6. La corte suprema tiene la _____ de desvalidar una ley.
7. La _____ y la _____ son medios de comunicación masiva.
8. Una región _____ se gobierna (rige) sin la intervención del gobierno central.

Ejercicio 5 Match the verbs in Column A with related nouns in Column B.

A	B
1. construir	a. la mención
2. defender	b. la proposición
3. educar	c. la defensa
4. imponer	d. la ratificación
5. proveer	e. la educación
6. mencionar	f. el detalle
7. detallar	g. la necesidad
8. existir	h. la construcción
9. ratificar	i. la provisión
10. necesitar	j. la imposición
11. proponer	k. la existencia
12. distribuir	l. la distribución

Ejercicio 6 Give the word or expression being defined.

1. presentar una idea, formular
2. aprobar o confirmar una cosa
3. imponer una carga u obligación
4. señalar, mostrar, enseñar
5. indicar con precisión, fijar, tomar una resolución
6. cambiar o ajustar para que convenga
7. hacer que no sea válido

Ejercicio 7 Match the English word or expression in Column A with its Spanish equivalent in Column B.

A	B
1. written law	a. enmendar
2. to implement	b. la enmienda
3. to amend	c. el correo
4. amendment	d. el ferrocarril
5. to rule	e. la moneda

6. to fulfill, carry out (a duty)   f. la ley escrita
7. to obey (a rule)   g. apartar
8. to avoid   h. regir
9. to support, back   i. la declaración de derechos
10. to deviate, withdraw, desist   j. poner en práctica
11. currency   k. apoyar
12. mail   l. desempeñar
13. railroad   m. evitar
14. Bill of Rights   n. acatar

Ejercicio 8   Complete each expression with an appropriate word or expression.
1. _____ la constitución
2. _____ una ley
3. _____ la política
4. _____ de lo normal
5. _____ una situación mala o peligrosa
6. _____ la nación
7. _____ un papel importante en el gobierno
8. _____ al candidato liberal

Ejercicio 9   Match the word in Column A with its definition in Column B.

A	B
1. gobernar	a. obedecer
2. el ferrocarril	b. la carta, la postal
3. el correo	c. el peso, la peseta
4. la moneda	d. cumplir con lo que se debe hacer
5. acatar	e. regir
6. desempeñar	f. el tren

COMPRENSION

Ejercicio 1   Answer.
1. ¿Qué es una constitución?
2. ¿Tiene la Constitución de los EE.UU. una declaración sobre los derechos básicos?
3. ¿Por qué existen «constituciones» informales?
4. En los EE.UU., ¿qué hace el colegio electoral?
5. ¿Cuáles son dos estados que no tienen constitución escrita?
6. ¿Por qué es necesario que una constitución provea para su propia enmienda?
7. ¿Qué es un Estado unionista?
8. ¿Cuál es un Estado federalista?
9. ¿Cuándo tienen mayor éxito los países unionistas?
10. ¿Quiénes comparten el poder en los estados federales?

Ejercicio 2   True or false?
1. Todos los países tienen una constitución.
2. Una constitución debe ser larga y complicada.
3. No se puede enmendar la Constitución de los EE.UU.
4. La Constitución de los EE.UU. es la más antigua.
5. Las constituciones indican quiénes desempeñarán las funciones políticas importantes.
6. Todas las leyes vigentes se encuentran en la constitución.
7. Es necesario que el pueblo crea en la constitución.
8. El gobierno central es el gobierno federal.
9. Los EE.UU. es un país unionista.

Capítulo 9
PARTIDOS POLITICOS

Un «partido político» es una organización que patrocina y apoya candidatos para cargos públicos bajo su lema. Se le llama «partido político» también a un grupo de oficiales que están vinculados[1] con un grupo importante de ciudadanos para formar una organización cuya meta principal es asegurar que sus oficiales lleguen al poder o se mantengan en el poder.

Metas de los partidos políticos

Es importante notar que los partidos políticos no necesariamente tienen que ver con elecciones. Claro está que en las democracias los partidos políticos se enfocan en las elecciones y cómo ganarlas. Pero también hay partidos revolucionarios que se organizan, no para ganar elecciones, sino para tomar el poder por cualquier medio que sea. Las metas de los partidos políticos son la toma del poder y la dirección de la política. Los partidos políticos europeos están claramente demarcados[2]. Tienen miembros que se inscriben y pagan cuotas. El partido comunista en la antigua U.R.S.S. tenía unos 17 millones de miembros. Cada uno tenía que pasar por un período probatorio de un año antes de poder integrarse oficialmente al partido. El partido conservador británico tiene unos tres millones de miembros y cada uno paga su cuota. Comparado con los partidos políticos europeos y latinoamericanos, los partidos norteamericanos tienen muy poca organización, y los miembros se obligan muy poco al partido.

Historia de los partidos políticos

Los partidos políticos nacen con la democracia. Durante el medioevo, los cargos oficiales—los alcaldes, ministros del gobierno, etc.—eran hereditarios; o el monarca nombraba a quien quería, o simplemente se compraban. Con la democracia vinieron las elecciones. Ahora el candidato tenía que buscar los votos de sus conciudadanos para conseguir un cargo. Los políticos se dieron cuenta de la eficacia de una organización que los uniría con grandes bloques de votantes. Y mejor aún si la organización fuera nacional en lugar de solamente local.

Los primeros partidos políticos se organizaron en Norteamérica mucho antes que en Europa. En la última década del siglo XVIII ya había partidos en los EE.UU., los primeros siendo el partido federal (el partido de Hamilton y John Adams) y el partido demócrata-republicano (el partido de Jefferson). El primer partido político británico

---

[1]*attached to*   [2]*delineated*

fue organizado en la ciudad de Birmingham, Inglaterra en 1867. En los otros países europeos, al llegar la democracia y las elecciones, aparecían los partidos políticos.

Funciones de los partidos políticos

Los partidos políticos son instituciones de enlace[3]. Sirven de conexión entre el pueblo y el gobierno. Al elegir al candidato de un partido en lugar de otro, los votantes indican el rumbo[4] que quieren que el gobierno tome ya que cada partido apoya ciertos principios. Los partidos políticos reclutan a personas para presentarse como candidatos para los escaños. Informan al público cuando los motivan a votar y les proveen con materiales que describen a los candidatos y las cuestiones. Proveen también una etiqueta o símbolo para poder identificar fácilmente a los candidatos.

Movilización de las masas   Porque los partidos políticos tienen sus representantes en todas partes—en las ciudades, las aldeas, los sindicatos, etc.— pueden organizar los grupos y activarlos para determinados fines. En las democracias esta movilización se enfoca en las elecciones; hay que hacerles votar. Esta movilización para las elecciones ocurre también en los estados de partido único como la China. En otros países los partidos movilizan a las masas con diferentes propósitos, en apoyo del gobierno o en oposición. Son los partidos políticos que organizan las enormes manifestaciones en pro o en contra de alguna política del gobierno. Son los partidos que, a menudo, declaran las huelgas generales.

Organización de partidos

Los partidos políticos en casi todo el mundo se encuentran más estrictamente organizados que en los EE.UU. Los partidos norteamericanos son un modelo de informalidad en su estructura. En casi todos los países, como se ha dicho, los miembros de los partidos pagan sus cuotas, se inscriben oficialmente y reciben una tarjeta de afiliación.

La estructura del partido conservador británico es bastante típica. El puesto más importante es el del líder del partido, que es también diputado de la Cámara de los Comunes en el Parlamento. Es elegido por los otros diputados conservadores de los Comunes. Si el gobierno es conservador, entonces el líder sirve de primer ministro. El partido tiene unos tres millones de miembros que pagan cuotas. Estos miembros pertenecen a Asociaciones de Constituyentes que determinan la política del partido local, incluso nombran a los candidatos. Las Asociaciones envían representantes al Congreso anual del partido. La Asociación Nacional consiste de unos 3.000 miembros. Se compone de diputados del Parlamento, representantes de las Asociaciones de Constituyentes, oficiales del partido, etc. Se reúne una vez al año. Elige, de entre sus miembros, un Comité Ejecutivo de 150 personas que se reúnen varias veces al año. La Oficina Central es la sede de la burocracia del partido. Allí se prepara la propaganda del partido; se contrata y se despide a los agentes locales y regionales del partido; y se hace todo el trabajo necesario para apoyar a los candidatos. La Oficina Central se financia con las cuotas que se reciben de los miembros del partido.

---

[3]*linking, connection*   [4]*direction*

Sistemas de partidos políticos

Todo el mundo sabe que en los EE.UU. hay un sistema de dos partidos, el demócrata y el republicano. Hay otros partidos, pero de poca importancia. Igual ocurre en Gran Bretaña con sus partidos conservador y laborista. Pero también hay otros sistemas.

Partido único En este sistema se permite que funcione solamente un partido político que es, efectivamente, igual que el gobierno. Las dictaduras de Hitler y de Franco son ejemplos, igual que los partidos comunistas de China y la Europa oriental hasta la desintegración de la U.R.S.S.

Partido dominante Se parece al sistema de partido único, pero no se prohíbe la existencia de otros partidos, ni su funcionamiento. El Partido Revolucionario Institucional (PRI) de México es un ejemplo. Todos los presidentes de la República desde 1929 han sido candidatos del PRI. Otro Estado de partido dominante es la India, el Partido del Congreso.

Partidos múltiples En la mayoría de las democracias hay una variedad de partidos políticos. Casi siempre lo que determina si una democracia tendrá un sistema de partidos múltiples o de dos partidos es su sistema electoral. Si se emplea un sistema de pluralidades, tendrá un sistema de dos partidos. Si se emplea un sistema de representación proporcional, tendrá un sistema de partidos múltiples. Francia, Italia, España, los países escandinavos, todos tienen un sistema de partidos múltiples.

ESTUDIO DE PALABRAS _____

Ejercicio 1   Study the following cognates that appear in this chapter.

el grupo	la organización	revolucionario
el oficial	el modelo	probatorio
la elección	la informalidad	conservador
la democracia	la estructura	hereditario
el período	el líder	en oposición
el miembro	la Cámara de	en pro
el ministro	los Comunes	en contra
el monarca	el Parlamento	anual
el candidato	el primer ministro	laborista
el voto	la asociación	electoral
el bloque	el constituyente	
la década	el demócrata	enfocar
la institución	el republicano	organizar
la conexión	la dictadura	nombrar
la cuestión	el sistema	elegir
la movilización	la masa	votar
el representante		declarar
la manifestación		financiar

Ejercicio 2   Complete each expression with the appropriate word(s).

1. political party	el partido _____
2. local party	el _____ local
3. party official	el _____ del partido
4. party leader	el _____ del partido
5. party system	el _____ de partidos
6. one party	el _____ único
7. dominant party	el _____ dominante
8. multiple parties	los partidos _____
9. electoral system	el _____ electoral
10. multiparty system	el _____ de partidos múltiples
11. two-party system	el _____ de dos partidos
12. public office	el cargo _____
13. revolutionary party	el _____ revolucionario
14. voting blocks	los _____ de votantes
15. mass mobilization	la _____ de las masas
16. general strike	la huelga _____
17. prime minister	el _____ ministro
18. Constituent Assemblies	las Asociaciones de _____
19. party policy	la política del _____
20. proportionate representation	la _____ proporcional
21. Annual Party Convention	el Congreso _____ del partido
22. probationary period	el _____ probatorio
23. hereditary position	el puesto _____

Ejercicio 3   Complete each statement with the appropriate word(s).
1. Las _____ de los oficiales son muy importantes en una democracia.
2. El período de 10 años es una _____.
3. El rey es un _____.
4. Durante una elección cada partido político presenta sus _____.
5. En los EE.UU. todos los ciudadanos mayores de 18 años tienen el derecho al _____.
6. Hay senadores en el Senado y congresistas o _____ en el Congreso o Cámara de Representantes.
7. El partido sirve de _____ entre el pueblo y el gobierno.

Ejercicio 4   Match the word or expression in Column A with its opposite in Column B.

A	B
1. conservador	a. el republicano
2. en oposición	b. la democracia
3. en pro	c. en contra

4. el demócrata
5. la dictadura

d. a favor de, en apoyo de
e. liberal

Ejercicio 5 Match each word or expression in Column A with its definition in Column B.

A	B
1. el miembro	a. el asunto
2. el monarca	b. en contra
3. la década	c. el afiliado, el socio
4. la cuestión	d. a favor de
5. en oposición	e. el rey
6. en pro	f. el enlace
7. la conexión	g. 10 años

Ejercicio 6 Match the English word or expression in Column A with its Spanish equivalent in Column B.

A	B
1. to support, back	a. llegar al poder
2. to sponsor, patronize, support	b. conseguir un cargo
3. to assure	c. tomar el poder
4. to rise to power	d. apoyar
5. to run as a candidate	e. patrocinar
6. to recruit	f. inscribirse
7. to get into office	g. asegurar
8. to enroll, join	h. presentarse como candidato
9. to pay dues	i. reclutar
10. to take power	j. pagar cuotas

Ejercicio 7 Complete each statement with the appropriate word(s).
1. Muchas empresas, asociaciones y grupos de interés especial _____ cierto partido.
2. Antes de las elecciones los partidos tienen que _____ candidatos.
3. Antes de _____ un cargo hay que _____ como candidato y ser elegido.
4. Antes de _____ el poder hay que ganar la elección.
5. En muchos países es necesario _____ en un partido político y _____ cuotas al partido.
6. Para _____ al poder hay que _____ como candidato y ser elegido para _____ el cargo.

Ejercicio 8 Match the English word or expression in Column A with its Spanish equivalent in Column B.

A	B
1. public office	a. el lema
2. slogan, emblem	b. el escaño

3. goal
4. mayor
5. seat (in Parliament, Congress)
6. village
7. union
8. strike
9. membership card
10. position
11. delegate, member of congress

c. el sindicato
d. el cargo público
e. la tarjeta de afiliación
f. el puesto
g. la meta
h. la huelga
i. el alcalde
j. el diputado
k. la aldea

Ejercicio 9   Complete each statement with the appropriate word(s).
1. En los EE.UU. el _____ es miembro del Congreso y en Gran Bretaña es representante en el Parlamento.
2. El _____ es el jefe de una ciudad o una municipalidad.
3. El alcalde, el gobernador, el diputado y el presidente son todos _____.
4. Este año habrá 22 _____ vacantes en la Cámara de Diputados y 10 _____ vacantes en el Senado.
5. Muchos trabajadores u obreros son miembros de un _____.
6. Los _____ luchan por el beneficio de los obreros.
7. En casos extremos los sindicatos declaran una _____.
8. Cuando el individuo se _____ en el sindicato recibe su _____.
9. El cargo de alcalde es el _____ más alto en el gobierno municipal.
10. Cada partido político tiene su _____.

Ejercicio 10   Give the word or expression being defined.
1. el asiento de cada diputado en el congreso
2. el objetivo, el gol
3. la unión de obreros
4. un pueblo pequeño
5. el líder político del municipio
6. el emblema o la insignia

COMPRENSION

Ejercicio 1   True or false?
1. Los partidos políticos sólo tienen que ver con elecciones.
2. Los partidos políticos europeos y latinoamericanos son menos organizados que los partidos estadounidenses.
3. En los EE.UU. los miembros de un partido político tienen que pagar cuotas al partido.
4. Los partidos políticos nacen con la democracia.
5. Los primeros partidos políticos se organizaron en Europa.

6. Los miembros de un partido político en los EE.UU. tienen una tarjeta de afiliación.

7. En los EE.UU. hay un sistema de dos partidos.

Ejercicio 2   Answer.

1. ¿Cuáles son las metas de un partido político?
2. En el pasado, ¿cómo conseguía uno un cargo público?
3. Ahora, ¿qué tiene que hacer el candidato para conseguir un cargo?
4. ¿Cuáles fueron los primeros partidos políticos en los EE.UU.?
5. ¿A quiénes reclutan los partidos políticos?
6. ¿Por qué tienen que movilizar las masas los partidos políticos?
7. En Inglaterra, ¿cómo es posible que el líder de un partido político sea el primer ministro?
8. ¿Cuáles son los dos partidos principales de los EE.UU.? ¿Y de Inglaterra?

Ejercicio 3   Explain.

Los partidos políticos son instituciones de enlace.

Ejercicio 4   Answer.

La estructura del partido conservador británico

1. ¿Cuál es el puesto más importante del partido?
2. ¿Cuál es otro cargo que tiene el líder?
3. ¿Cuándo sirve el líder del partido de primer ministro?
4. ¿Qué pagan los miembros?
5. ¿A qué pertenecen?
6. ¿Qué hacen las Asociaciones de Constituyentes?
7. ¿De quiénes se compone la Asociación Nacional?
8. ¿A quién elige la Asociación Nacional?
9. ¿Cuántas personas hay en el Comité Ejecutivo?
10. ¿Qué es la Oficina Central?
11. ¿Qué hace la Oficina Central?
12. ¿Cómo se financia la Oficina Central?

Ejercicio 5   Name countries where the following exist.

1. el partido único
2. el sistema de dos partidos
3. el sistema de partidos múltiples
4. el partido dominante

Capítulo 10
LO QUE HACEN
LOS GOBIERNOS

El siglo XX ha visto una constante expansión e intromisión de los gobiernos en la vida de los ciudadanos. En los Estados Unidos hay una fuerza laboral de unos 116 millones. El 15% son empleados del gobierno. De cada cinco, cuatro son empleados municipales o estatales. El 3% trabaja para el gobierno federal. Sólo en la capital, Washington, hay unos 200.000 burócratas federales. El gobierno es responsable por más del 30% del producto nacional bruto (PNB). A principios de este siglo representaba sólo el 5%.

Actividades del gobierno

Por lo general, en casi todos los estados, las actividades del gobierno se pueden clasificar en cuatro categorías básicas.

Redistribución de rentas y transferencia de recursos Los gobiernos recaudan fondos de los ciudadanos y las empresas por medio de contribuciones, y distribuyen parte de esos fondos a otros. En los EE.UU. el sistema de Seguro Social recauda fondos de los trabajadores y los patronos y los distribuye a los pensionados, a los incapacitados, a las viudas e hijos menores de trabajadores fallecidos[1]. Esta es una transferencia de recursos. Las transferencias de recursos ocurren a nivel internacional también cuando un país le da ayuda a otro sin recompensa.

Muchos estados tratan de reducir las grandes diferencias entre las rentas de sus ciudadanos. Esto se efectúa de dos maneras, o por subsidios y programas de ayuda a los pobres o por el empleo de un sistema tributario progresivo. Los impuestos o tributos progresivos son aquéllos que obligan a los ricos a pagar más, proporcionalmente, que otros. Típicamente, el gobierno grava las rentas altas a un porcentaje más alto. En los países con gobiernos socialdemócratas, los impuestos tienden a ser muy altos y se hace mayor esfuerzo para reducir las diferencias en las rentas. En Suecia, por ejemplo, la quinta parte de la población recibe aproximadamente el 7% de la renta nacional. Otra quinta parte recibe casi el 42%. Por otra parte, en México los porcentajes son el 3% y el 58%.

Subsidios con condiciones Los estados, para promover determinada política, a menudo proveen fondos para influir en la economía o en la sociedad. Al proveer

---

[1]*deceased*

los fondos, el gobierno indica como hay que emplear los fondos. En los EE.UU. el gobierno federal ha pagado a los agricultores por no sembrar[2]. En la Alemania y la España fascistas, el gobierno pagaba un subsidio a las familias numerosas. El Estado quería una población más grande. Muchos gobiernos pagan subsidios a las nuevas industrias. Subsidios también son las reducciones en impuestos, sobre las inversiones en la industria del petróleo, títulos municipales, etc.

Reglamentación Los gobiernos ejercen algún control sobre una variedad de actividades sociales y económicas. El Estado define lo que es legal e ilegal e impone sanciones. El papel regulatorio crece con las complejidades de la vida moderna. Los gobiernos crean agencias para controlar el tráfico aéreo, la banca y la Bolsa, las condiciones laborales, la higiene, la seguridad de los edificios, los abusos contra el medio ambiente, la formación y competencia de los médicos, enfermeras, pilotos, profesores, etc. En los EE.UU. el *Federal Register,* que se publica cada año, contiene todas las reglas y reglamentaciones del gobierno federal. En 1936 contenía unas 2.000 páginas. Hoy contiene más de 50.000.

Desarrollo y administración En todos los estados se nota algún nivel de reglamentación. En algunos países comunistas el gobierno no sólo reglamenta sino que controlaba totalmente la industria, el comercio y, en algunos, la agricultura. En las democracias también hay industrias en manos del Estado: la educación (aunque no totalmente), la defensa nacional (no se permiten ejércitos privados), las carreteras. En varias democracias europeas el Estado es dueño de los ferrocarriles, de las líneas aéreas, de la banca y de las industrias del petróleo, el carbón, la electricidad y el gas.

Algunas de las áreas donde el Estado ejerce control sobre la administración son: la defensa nacional, la educación, la salud y el bienestar públicos y el desarrollo económico.

• **Defensa nacional y educación** El control del Estado sobre la defensa nacional es obvio. El papel del gobierno en la educación varía de Estado en Estado. En Francia el gobierno central controla totalmente la educación. En los EE.UU. el control reside con los gobiernos estatales y locales.

• **Salud y bienestar públicos** Todo gobierno se preocupa de la salud y del bienestar públicos. En esta área también el papel del Estado varía enormemente de país en país. En casi todos los países europeos y los países socialistas y comunistas, la medicina (los hospitales, las clínicas y todo el cuidado médico, incluso la intervención psiquiátrica) está en manos del gobierno. En los EE.UU. el gobierno provee subsidios para el cuidado médico de los necesitados. Muchos estados proveen pensiones a los jubilados. También, en muchos países, el Estado provee guarderías infantiles para los hijos de los trabajadores, viviendas para los pobres, subsidios para la educación universitaria.

• **Desarrollo económico** Los pueblos quieren trabajo. Algunos estados, Francia, por ejemplo, en su misma constitución, promete empleo para cada ciudadano. Los gobiernos tratan de asegurar el crecimiento económico por medio

---

[2]*to plant (seed)*

de una variedad de políticas. La política monetaria controla, hasta cierto punto, las tasas de interés y el flujo de moneda y, por consiguiente, las inversiones y la actividad económica. Los subsidios, los aranceles y los propios desembolsos del gobierno afectan la economía. La política tributaria tiene un impacto importante en la economía. Cuando la economía «se calienta» y la tendencia es inflacionaria, el gobierno sube los impuestos. Cuando se quiere hacer circular más dinero y motivar las compras y la actividad económica, el gobierno puede bajarlos.

Financiación del Estado

Para llevar a cabo sus programas, el Estado necesita dinero. El dinero se recauda por medio de impuestos y aranceles de varios tipos. Las contribuciones sobre ingresos, los impuestos sobre ventas y los Impuestos al Valor Agregado (IVA) son algunas fuentes importantes de fondos para el Estado. Es interesante ver en que gastan su dinero los estados.

- **Educación** Los EE.UU. dedica aproximadamente el 7% de su PNB a la educación; Israel, el 10%; Costa Rica, el 5%; la República Popular China, el 3%.
- **Defensa nacional** Los EE.UU. dedica el 6% de su PNB a la defensa nacional; Israel, el 21%; Costa Rica, el 0% (no tiene un ejército); la República Popular China, el 4%.
- **Salud y bienestar públicos** En los EE.UU. más o menos el 43% del presupuesto nacional se dedica a los programas de salud y bienestar públicos. Esta proporción es casi la misma que en el Canadá, la República Federal Alemana y Gran Bretaña. Es el doble del Japón.

ESTUDIO DE PALABRAS

Ejercicio 1 Study the following cognates that appear in this chapter.

la expansión	la reducción	la educacuón
el gobierno	la actividad	la defensa
el burócrata	la sanción	la línea
el producto	la complejidad	el petróleo
la categoría	la agencia	la electricidad
la redistribución	el tráfico	el gas
la transferencia	la banca	el área
los recursos	la condición	la medicina
los fondos	la higiene	el hospital
el sistema	el abuso	la clínica
el Seguro Social	la competencia	la intervención
el pensionado	el piloto	
la recompensa	el profesor	constante
la diferencia	la administración	municipal
el subsidio	la industria	estatal
el programa	el comercio	federal
el agricultor	la agricultura	responsable

nacional	clasificar	controlar
básico	distribuir	residir
legal	reducir	variar
ilegal	promover	promover
regulatorio	proveer	circular
aéreo	influir	motivar
médico	definir	dedicar
psiquiátrico	imponer	
económico	reglamentar	

Ejercicio 2   Complete each expression with the appropriate word(s).

1. government employee   el empleado del _____
2. municipal employee   el empleado _____
3. state employee   el empleado _____
4. federal bureaucrat   el burócrata _____
5. GNP (gross national product)   PNB (el _____
                                   _____ bruto)
6. income redistribution   la _____ de rentas
7. Social Security system   el _____ de Seguro
                             _____
8. transfer of resources   la _____ de recursos
9. national income   la renta _____
10. conditional subsidies   los _____ con condiciones
11. tax reduction   una _____ en impuestos
12. municipal bond   el título (bono) _____
13. legal sanction   la _____ legal
14. air traffic   el _____ aéreo
15. airline   la línea _____
16. work(ing) conditions   las _____ laborales
17. national defense   la _____ nacional
18. public education   la _____ pública
19. public welfare   el bienestar _____
20. medical care   el cuidado _____
21. psychiatric intervention la _____ psiquiátrica
22. university education   la _____ universitaria
23. economic growth   el crecimiento _____
24. monetary policy   la política _____
25. inflationary tendency   la _____ inflacionaria

Ejercicio 3   Give the word or expression being defined.

1. de la ciudad
2. del estado
3. el empleado público
4. categorizar

5. el capital
6. el pago, lo que se recibe
7. bajar, lo contrario de «aumentar»
8. fomentar
9. dar
10. dentro de la ley
11. fuera de la ley
12. que regula
13. la capacidad, la habilidad
14. el que conduce un avión; el comandante
15. el que enseña en una escuela secundaria o en la universidad
16. los negocios
17. la zona, la región
18. un tipo de hospital
19. relativo a la medicina

Ejercicio 4   Match the verbs in Column A with related nouns in Column B.

A	B
1. intervenir	a. la promoción
2. residir	b. el abuso
3. educar	c. la influencia
4. controlar	d. la definición
5. reglamentar	e. la intervención
6. abusar	f. la reducción
7. imponer	g. la educación
8. definir	h. la recompensa
9. reducir	i. el control
10. influir	j. la transferencia
11. promover	k. la imposición
12. proveer	l. la (re)distribución
13. recompensar	m. la provisión
14. (re)distribuir	n. la residencia
15. transferir	o. la reglamentación
16. prometer	p. la promesa

Ejercicio 5   Substitute each italicized expression with an equivalent expression.

1. Es un cambio *fundamental*.
2. Lo quiere *categorizar*.
3. Van a *bajar* el precio.
4. *El jubilado o el retirado* vive de su pensión.
5. Ella *vive* en la ciudad.
6. Es *del país*.
7. *La dificultad* es increíble.
8. Las condiciones *de trabajo* eran miserables.

Ejercicio 6   Match the English word or expression in Column A with its Spanish equivalent in Column B.

A	B
1. work force	a. la inversión
2. income	b. la política tributaria
3. to collect	c. los impuestos al valor agregado (IVA)
4. taxes	d. el título (bono) municipal
5. progressive tax system	e. el desembolso
6. investment	f. las rentas, los ingresos
7. municipal bond	g. la Bolsa
8. Stock Market	h. recaudar
9. interest rate	i. los impuestos sobre ventas
10. duty, tariff	j. los impuestos, los tributos, las contribuciones
11. disbursement, payment	k. la contribución sobre el ingreso personal
12. tax policy	l. el presupuesto
13. personal income tax	m. la fuerza laboral
14. sales tax	n. los aranceles
15. value added tax (VAT)	o. la tasa de interés
16. budget	p. el sistema tributario progresivo

Ejercicio 7   Complete each statement with the appropriate word(s).
1. La _____ de interés fluctúa (sube o baja) según las condiciones económicas.
2. Se comercian (Se venden y se compran) acciones en la _____. La _____ más importante de los EE.UU. está en Wall Street.
3. Cada país tiene su sistema _____, es decir, el sistema de _____ fondos de sus ciudadanos en forma de _____ o _____.
4. Una acción, un bono, un título o una cuenta de ahorros en el banco son _____.
5. La ciudad va a emitir un _____ para construir un hospital. La _____ de interés del _____ será el 8%.
6. El _____ indica los ingresos y los egresos.
7. Hay que pagar _____ sobre importaciones (productos importados).
8. La _____ es el conjunto de los que trabajan, que tienen empleo. Es la población activa.
9. _____ grava impuestos más altos a los ricos que tienen más rentas.

Ejercicio 8   Give the word or expression being defined.
1. los impuestos
2. los impuestos sobre productos importados
3. los impuestos que el contribuyente tiene que pagar sobre sus rentas

4. el impuesto que hay que pagar al comprar algo
5. el dinero que recauda el gobierno

Ejercicio 9   Match the English word or expression in Column A with its Spanish equivalent in Column B.

A	B
1. meddling, intrusion	a. la vivienda
2. disabled (person)	b. el ejército
3. widow	c. el jubilado
4. level	d. la viuda
5. help, aid, assistance	e. la carretera
6. to tax, levy	f. la intromisión
7. safety	g. el nivel
8. environment	h. la salud
9. training	i. el incapacitado
10. army	j. el necesitado
11. highway	k. el medio ambiente
12. owner	l. la guardería infantil
13. health	m. la ayuda
14. public welfare	n. la formación
15. needy (person)	o. gravar
16. retired person	p. el dueño
17. day care center, nursery	q. la seguridad
18. living accommodation	r. el bienestar público

Ejercicio 10   Give the word or expression being defined.
1. el lugar para donde vivir
2. donde pasan el día los niños de los padres que trabajan
3. el retirado, el pensionado
4. el que necesita algo
5. el que no puede hacer ciertas cosas por una razón médica o física
6. el conjunto de soldados y otros oficiales militares
7. una mujer cuyo esposo (marido) ha fallecido (está muerto)
8. un camino grande
9. el propietario
10. la intrusión, la interferencia
11. el estado del que no tiene ninguna enfermedad; que no está enfermo
12. lo que se le da a alguien para hacerle la vida más fácil

COMPRENSION

Ejercicio 1   True or false?
1. Actualmente hay menos influencia del gobierno que antes en la vida diaria de los ciudadanos.
2. El dinero que el gobierno le paga al jubilado o el dinero que provee a un incapacitado son ejemplos de una transferencia de recursos.
3. El gobierno suele gravar las rentas altas a un porcentaje más alto de impuestos.
4. En los EE.UU. la educación es la responsabilidad del gobierno federal.
5. En algunos países europeos el Estado es el dueño de los ferrocarriles, de las líneas aéreas, de las industrias de gas y electricidad, etc.
6. En los países socialistas el cuidado médico está en manos del gobierno.
7. El gobierno baja (reduce) los impuestos si hay una tendencia económica inflacionaria.

Ejercicio 2   Answer.
1. ¿Qué porcentaje de la fuerza laboral de los EE.UU. son empleados del gobierno?
2. ¿Cómo puede el gobierno efectuar la redistribución de rentas?
3. ¿Cómo tratan muchos estados de reducir las grandes diferencias entre las rentas de sus ciudadanos?
4. Cuando el gobierno da fondos, ¿qué indica generalmente?
5. ¿Cuál es el término que se le asigna a este fenómeno?
6. ¿Qué promete Francia a cada ciudadano en su constitución?
7. ¿Cómo tratan los gobiernos de asegurar el crecimiento económico?
8. ¿Cómo recauda el Estado el dinero que necesita?

Ejercicio 3   Follow the directions.
1. Dé las cuatro categorías en que se pueden clasificar las actividades del gobierno.
2. Dé algunos ejemplos de como el gobierno reglamenta las actividades sociales y económicas.
3. Prepare una lista de varios tipos de impuestos.

Capítulo 11
SISTEMAS PARLAMENTARIOS Y PRESIDENCIALES

Sistema parlamentario

El Parlamento más antiguo, «la madre de los parlamentos», es el británico, y ha servido de modelo para muchos otros. En el sistema parlamentario el pueblo elige representantes o diputados que se reúnen para presentar y aprobar proyectos de ley. El poder ejecutivo está en manos de un Consejo de Ministros o gabinete. Los ministros son elegidos por el Parlamento entre sus propios diputados. Ellos desempeñan sus cargos administrativos mientras siguen siendo diputados. El Consejo de Ministros puede perder su cargo en cualquier momento, si el Parlamento rinde un voto de «no confianza». El jefe del Consejo de Ministros es el primer ministro. Normalmente, es el jefe del partido en el poder, además de diputado. El primer ministro tiene el derecho de disolver el Parlamento y pedir nuevas elecciones.

Ventajas y desventajas En el sistema parlamentario, el primer ministro generalmente puede contar con una mayoría de los votos de la cámara, ya que la mayoría de los diputados pertenecen a su partido. En el sistema parlamentario no existe el derecho de veto, como en los sistemas presidenciales. Cuando el electorado queda insatisfecho con el gobierno, puede reemplazar todo el gobierno a la vez con una sola elección.

Una desventaja del sistema parlamentario es la posible inestabilidad. En los países con múltiples partidos políticos, es común que un gobierno se forme de una coalición de dos o más partidos. Los partidos de la coalición entonces se reparten los ministerios entre ellos. Si las políticas de los partidos son similares, entonces los diputados tienden a votar en un bloque a favor de las propuestas del Consejo de Ministros. Pero si difieren mucho, entonces es difícil mantener la unidad, y el gobierno puede disolverse fácilmente. Esta situación es común en muchas democracias europeas, Italia, en particular. En 44 años, Italia ha tenido 47 gobiernos diferentes.

Sistema presidencial

En el sistema parlamentario el primer ministro pertenece al partido político mayoritario. En el sistema presidencial no es necesariamente así. La rama ejecutiva, la presidencia, y la legislativa, el congreso, son independientes. El pueblo vota independientemente por sus diputados o congresistas y por su presidente. Ocurre con frecuencia que el presidente es de un partido y la mayoría de los congresistas de otro.

Los EE.UU., Francia, México y la mayoría de los estados latinoamericanos tienen un sistema presidencial. El caso de México es especial, ya que México tiene un solo partido político dominante. El sistema presidencial contrasta con el parlamentario en el grado de control que el ejecutivo puede ejercer sobre los diputados o congresistas. En los sistemas presidenciales el ejecutivo tiene un control muy limitado sobre los representantes. En el sistema parlamentario el Consejo de Ministros impone una disciplina rigurosa sobre los diputados.

Ventajas y desventajas   Cuando el presidente y la mayoría en la legislatura pertenecen a diferentes partidos es, a veces, difícil llevar a cabo[1] los programas. El congreso puede aprobar proyectos de ley, y el presidente puede ejercer el veto. Por otra parte, el presidente y sus secretarios pueden proponer proyectos de ley y verlos fracasar por falta de una mayoría en el congreso. En el sistema presidencial los aspectos simbólicos y políticos del ejecutivo se unen. En los sistemas parlamentarios son separados. En España el rey es el símbolo del Estado; el primer ministro es el jefe político. Igual ocurre en el Reino Unido, Suecia, Noruega, Bélgica, Japón, con su emperador. En otros países con sistema parlamentario, como la República Federal Alemana, hay un presidente cuyo papel es simbólico.

El presidente es el foco del poder, mucho más que un primer ministro. El presidente es el único político elegido por todos los ciudadanos. Así es que él tiene la responsabilidad directa de proponer una política. A la vez, la responsabilidad por el éxito o fracaso de la política es más difícil de fijar. En el sistema parlamentario el pueblo siempre sabe quien es responsable por el éxito[2] o el fracaso—el partido en el poder. En los sistemas presidenciales la división del poder hace más difícil fijar[3] la responsabilidad. La división del poder en el sistema presidencial también impide la formulación de una política determinada para tratar con problemas específicos.

Los sistemas presidenciales ofrecen un grado de permanencia que no ofrecen los parlamentarios. Un presidente queda en el poder hasta el final de su mandato, cuando puede o no ser reelecto. Sabe que tiene un mínimo de tres, cuatro o seis años para llevar a cabo sus programas. En el sistema parlamentario un voto de no confianza puede acabar con un gobierno en cualquier momento.

En el sistema parlamentario el primer ministro tiene que defender su política ante el parlamento; tiene que debatir con la oposición. Los presidentes pueden obrar sin responder a nadie. Claro está que los medios de comunicación masiva se interesan, y hay que responder a ellos, pero no hay ninguna obligación de informar al congreso ni al público rutinariamente. Un primer ministro es un diputado y está en contacto diario con los representantes del pueblo.

---

[1]*to carry out*   [2]*success*   [3]*to determine*

ESTUDIO DE PALABRAS

Ejercicio 1   Study the following cognates that appear in this chapter.

el sistema	la presidencia	independiente
el modelo	el congreso	limitado
el representante	el grado	riguroso
el proyecto	el control	simbólico
el gabinete	la disciplina	reelecto
el ministro	la legislatura	
el voto	el foco	elegir
la confianza	la formulación	presentar
el primer ministro	la permanencia	rendir
el presidente	la oposición	disolver
el veto		tender a
el electorado	parlamentario	mantener
la inestabilidad	presidencial	contrastar
la coalición	ejecutivo	imponer
el ministerio	administrativo	impedir
la política	legislativo	defender
el bloque	similar	debatir
la unidad	a favor de	

Ejercicio 2   Complete each expression with the appropriate word(s).

1. parliamentary system   el sistema _____
2. presidential system   el _____ presidencial
3. executive power   el poder _____
4. Council of Ministers   el Consejo de _____
5. vote of no confidence   el _____ de no confianza
6. prime minister   el _____ ministro
7. right of veto   el derecho de _____
8. coalition parties   los partidos de la _____
9. executive branch   la rama _____
10. legislative branch   la rama _____
11. degree of control   el grado de _____
12. direct responsibility   la _____ directa
13. United Kingdom   el Reino _____

Ejercicio 3   Complete each expression with the appropriate word(s).

1. to dissolve parliament   _____ el parlamento
2. to elect representatives   _____ diputados
3. to vote in a block   _____ en un bloque
4. to present proposals   _____ propuestas
5. to exercise a veto   _____ el veto
6. to defend his/her policy   _____ su política
7. to debate with the opposition   _____ con la oposición

Ejercicio 4   Match the verbs in Column A with related nouns in Column B.

A	B
1. elegir	a. el debate
2. votar	b. la defensa
3. disolver	c. la permanencia
4. tender	d. la formulación
5. contrastar	e. el impedimento
6. controlar	f. la imposición
7. imponer	g. el control
8. impedir	h. el contraste
9. formular	i. la tendencia
10. permanecer	j. la disolución
11. defender	k. el voto
12. debatir	l. la elección

Ejercicio 5   Complete each statement with the appropriate word(s).
1. No va a votar en contra. Va a votar _____ la propuesta.
2. Todos van a votar de la misma manera. Van a votar en _____.
3. La rama _____ propone leyes.
4. El presidente de los EE.UU. puede ser _____ después de cuatro años pero solamente por dos mandatos.
5. El presidente de los EE.UU. tiene el derecho de _____ y así no tiene que confirmar o aprobar una propuesta del congreso. En este caso él puede _____ su derecho de veto.
6. El presidente tiene un _____ que le aconseja.

Ejercicio 6   Give the word or expression being defined.
1. administrativo
2. del parlamento
3. en pro
4. soler
5. el conjunto de votantes
6. el diputado
7. imposibilitar una cosa
8. abogar a favor de uno; sostener a uno contra un ataque
9. no muy diferente
10. hacer desaparecer, anular

Ejercicio 7   Select the appropriate word(s) to complete each statement.
1. En los EE.UU. las elecciones (parlamentarias / presidenciales) tienen lugar cada cuatro años.
2. El presidente ejerce el poder (ejecutivo / legislativo).
3. Van a (nombrar / elegir) al presidente.
4. Muchas veces la mayoría de los miembros del (congreso / gabinete) no son del mismo partido político que el presidente.

5. En España el rey es el (jefe político / símbolo) del Estado.
6. El (Congreso / Consejo de Ministros) se compone del Senado y la Cámara de Diputados (Representantes).

Ejercicio 8   Match the English word or expression in Column A with its Spanish equivalent in Column B.

A	B
1. representative	a. la rama ejecutiva
2. to meet	b. la mayoría
3. to approve	c. repartir
4. to count on	d. el diputado
5. majority	e. el mandato
6. to distribute	f. reunirse
7. proposal	g. la propuesta
8. bill	h. aprobar
9. executive branch	i. fracasar
10. term	j. contar con
11. to fail	k. el proyecto de ley

Ejercicio 9   Complete each statement with the appropriate word(s).
1. El presidente pertenece a la _____ del gobierno.
2. Los representantes o los diputados del congreso se _____ para presentar y aprobar _____. Pero el presidente no lo tiene que firmar porque tiene el derecho de veto.
3. El presidente por lo general puede _____ con el apoyo de la _____ de los representantes o _____ de su partido político.
4. El _____ del presidente es por un período de cuatro años.
5. El presidente tiene que _____ las responsabilidades.

Ejercicio 10   Give the word or expression being defined.
1. el representante
2. concurrir, unirse
3. no tener éxito, resultar en un fracaso
4. distribuir
5. el número más grande, la parte mayoritaria
6. dar por bueno, consentir en una cosa

COMPRENSION

Ejercicio 1   True or false?
1. El Parlamento más antiguo es el británico.
2. Normalmente el primer ministro es el jefe del partido político en poder.
3. En los países de partidos múltiples es común que un solo partido tenga el poder.

4. En los países de partidos políticos múltiples es común que un gobierno se forme de una coalición de varios partidos.
5. En el sistema presidencial, la presidencia y el congreso son independientes.
6. El presidente y los congresistas tienen que ser del mismo partido político.
7. En el sistema presidencial, el presidente tiene más control sobre los diputados o congresistas que el que tiene el primer ministro sobre los diputados en el sistema parlamentario.
8. En el sistema presidencial, los aspectos simbólicos y políticos se unen en la presidencia.
9. El primer ministro es el único político elegido por todos los ciudadanos.

Ejercicio 2   Answer.
1. ¿A quiénes elige el pueblo en el sistema parlamentario?
2. ¿Qué hacen los diputados?
3. ¿Quiénes son los ministros que pertenecen al Consejo de Ministros?
4. ¿Quiénes los eligen?
5. ¿Quién es el jefe del Consejo de Ministros?
6. ¿Qué derecho tiene el primer ministro?
7. ¿Por qué puede ser difícil mantener la unidad cuando el gobierno se forma de una coalición de varios partidos?
8. ¿Cuándo es difícil que el gobierno bajo el sistema presidencial lleve a cabo programas?

Ejercicio 3   Give the following information.
1. las ventajas del sistema parlamentario
2. las desventajas del sistema parlamentario
3. las ventajas del sistema presidencial
4. las desventajas del sistema presidencial

Segunda parte

RELACIONES INTERNACIONALES

Capítulo 12
INTRODUCCION

Mil años antes de Cristo, en China se practicaba la política exterior durante la dinastía Chou. Desde que ha habido estados ha habido conflictos y, por consiguiente, la necesidad de usar todos los medios disponibles[1] para defender los intereses del Estado. El último y menos deseable de los métodos ha sido la guerra. El primero ha sido la diplomacia.

Definiciones
Se usan y a veces se confunden los términos «relaciones exteriores», «política exterior» y «relaciones internacionales».

Política exterior Lo que más se ha estudiado es la política exterior de las naciones. En estos casos la política se ha definido en base a las decisiones tomadas que sirvieron para definir los objetivos, los programas de acción y las medidas tomadas para implementar estas decisiones. Los estudios de política exterior tienden a enfocarse en los intereses, las acciones y manifestaciones de poder de las grandes potencias.

Política internacional Se puede decir que la diferencia entre «política exterior» y «política internacional» es la diferencia entre los objetivos y acciones de un Estado y las interacciones entre dos o más estados. Todo depende del punto de vista. Si uno estudia la política de los EE.UU. con respecto a Japón y analiza esta política según las necesidades del Estado, las condiciones domésticas y las metas de la nación, para entonces analizar las acciones que toma el Estado en su trato con la otra nación, en este caso los EE.UU. con Japón, se está estudiando la política exterior. Por otra parte, si se considera que todas estas acciones son simplemente un aspecto de todo un patrón[2] de acciones de un Estado dentro de una red de interacciones entre ese Estado y varios otros estados, el punto de vista es de política internacional, el estudio de los procesos de interacción entre estados.

Relaciones internacionales Los especialistas en relaciones internacionales emplean varios términos como «relaciones interestatales», «política exterior», «política internacional», «política mundial», «sociedad internacional», «sociedad mundial», «sistema internacional», etc. Nosotros trataremos de «política internacional» y «relaciones internacionales».

---

[1]*available*   [2]*pattern*

Cuando se habla de relaciones internacionales se trata un tema mucho más abarcador[3] que la política internacional. El término se refiere a todas las interacciones entre los diferentes estados y sus ciudadanos. Claro está que las políticas exteriores y la política internacional forman parte de las relaciones internacionales, pero sólo parte. También se incluyen interacciones tales como el turismo, el comercio, las comunicaciones, el transporte y las actividades de las agencias internacionales tales como la Cruz Roja Internacional y el Banco Mundial.

En el pasado las interacciones a nivel internacional se efectuaban casi exclusivamente por diplomáticos que se ocupaban de llevar mensajes entre monarcas, de formar alianzas y de defender los intereses de su país. Hoy las relaciones entre estados y grupos o bloques de estados son mucho más complicadas. Además de las relaciones diplomáticas normales existen diferentes foros y escenarios para las interacciones diplomáticas, comerciales y culturales. Los estados tienen representación en la ONU (Organización de las Naciones Unidas), donde con frecuencia se llevan a cabo reuniones entre diplomáticos cuyos países no tienen relaciones diplomáticas oficiales. Las grandes empresas multinacionales tienen sus propias relaciones con diferentes gobiernos. Las entidades comerciales influyen mucho en la política internacional, especialmente en cuestiones de aranceles y cuotas. En lo cultural hay intercambios académicos, de profesores y de estudiantes, programas como el de las becas Fulbright, por ejemplo, y visitas de compañías de ballet, de orquestas, de autores y hasta de estrellas[4] de «rock». Y a diario llegan turistas a visitar países desde la Argentina hasta Zimbabwe, intercambiando ideas e impresiones, y de una manera u otra representando su Estado.

La segunda mitad del siglo XX ha traído la amenaza de la guerra nuclear y, por consiguiente, mayor interés en determinar cómo actúan los estados y por qué. ¿Cuáles son los móviles[5] que los llevan a las armas para resolver los problemas con otros estados? Los historiadores han indicado que al comienzo de la Primera Guerra Mundial ninguna de las grandes potencias quería la guerra, ni Alemania, ni Rusia, ni Gran Bretaña, ni Francia, ni Austria-Hungría. Pero las circunstancias se hicieron amos de la situación y estalló la contienda más encarnizada[6] que se había conocido hasta entonces en la historia. ¿Cómo se podría haberlo evitado?

---

[3]*encompassing* [4]*stars* [5]*motives* [6]*bloody, fierce*

ESTUDIO DE PALABRAS

Ejercicio 1   Study the following cognates that appear in this chapter.

la dinastía	la agencia	externo
el conflicto	el diplomático	exterior
la necesidad	el bloque	internacional
el interés	la alianza	doméstico
la diplomacia	el escenario	complicado
las relaciones	las Naciones Unidas	oficial
la decisión	la cuota	multinacional
el objetivo	la compañía	nuclear
la acción	el ballet	
el programa	la orquesta	usar
la manifestación	el autor	defender
la condición	el turista	confundir
el proceso	la idea	definir
la interacción	la impresión	analizar
la comunicación	el arma	visitar
el turismo	la circunstancia	resolver
el transporte		indicar

Ejercicio 2   Complete each expression with the appropriate word(s).

1. international policy — la política _____
2. foreign policy — la _____ exterior
3. foreign relations — las _____ exteriores
4. international relations — las relaciones _____
5. domestic conditions — las condiciones _____
6. processes of interaction — los procesos de _____
7. normal diplomatic relations — las relaciones _____ _____
8. diplomatic interaction — la _____ diplomática
9. multinational enterprise — la empresa _____
10. business entities — las _____ comerciales
11. academic exchange — el intercambio _____
12. United Nations — las Naciones _____

Ejercicio 3   Complete each statement with the appropriate word(s).

1. Cada Estado tiene que _____ sus propios intereses.
2. La radio, la televisión y la prensa son medios de _____ masiva.
3. El ferrocarril, el avión, el barco son medios de _____.
4. Una compañía _____ es una compañía que tiene sucursales o plantas en muchos países.
5. A veces los gobiernos intervienen y establecen _____ sobre las importaciones para proteger los intereses de la industria doméstica.

6. Hoy en día se está tratando de controlar las _____ nucleares.
7. Varios países que tienen los mismos intereses u objetivos pueden formar una _____ para su protección mutua.
8. La OTAN es un ejemplo de una _____.
9. Las relaciones internacionales cambian porque el _____ mundial cambia.
10. Después de _____ un país extranjero, los turistas salen con _____ e _____ de lo que han visto.

Ejercicio 4   Match the word or expression in Column A with its definition in Column B.

A	B
1. el bloque	a. estudiar detalladamente
2. complicado	b. la batalla, la disputa
3. definir	c. el grupo
4. analizar	d. encontrar una resolución
5. usar	e. complejo, difícil
6. el conflicto	f. el que viaja por placer
7. resolver	g. dar una definición
8. el turista	h. emplear, utilizar
9. el autor	i. las pistolas, las bombas, los proyectiles
10. las armas	j. el que escribe libros, etc.

Ejercicio 5   Match the English word or expression in Column A with its Spanish equivalent in Column B.

A	B
1. war	a. el Banco Mundial
2. measure	b. la Cruz Roja Internacional
3. the Great Powers	c. el comercio
4. viewpoint	d. la guerra
5. goal	e. la meta
6. business, commerce	f. la medida
7. The World Bank	g. el foro
8. International Red Cross	h. las grandes potencias
9. meeting	i. el punto de vista
10. forum	j. la reunión

Ejercicio 6   Complete each statement with the appropriate word(s).
1. Las grandes _____ que tienen arsenales nucleares tienen que tomar _____ para que no estalle una _____ nuclear.
2. La _____ de la Organización de las Naciones Unidas es la paz mundial, no la _____.
3. Cada Estado tiene su propio _____ sobre los asuntos internacionales.
4. La _____ da asistencia médica en el caso de catástrofes naturales y guerras.

5. El _____ da préstamos a los países que necesitan ayuda financiera.
6. Los Estados Unidos y Gran Bretaña se consideran dos _____.
7. Hay _____ entre los diplomáticos para tratar de resolver las diferencias entre las naciones.
8. Una organización como las Naciones Unidas sirve de _____ para discutir y analizar diferencias.

Ejercicio 7   Match the English word or expression in Column A with its Spanish equivalent in Column B.

A	B
1. company, enterprise	a. la beca
2. duty, tariff	b. la contienda
3. exchange	c. la amenaza
4. scholarship	d. la empresa
5. threat	e. estallar
6. contest	f. los aranceles
7. to set off, break out	g. la red
8. network	h. el intercambio

Ejercicio 8   Complete each statement with the appropriate word(s).
1. España y México tienen una buena _____ de ferrocarriles.
2. Las relaciones internacionales incluyen programas de _____ académicos entre profesores y estudiantes.
3. La _____ Fulbright provee al que la recibe la oportunidad de hacer estudios en un país extranjero.
4. La IBM es una _____ multinacional.
5. La Segunda Guerra Mundial _____ en 1941.
6. Cualquier guerra es una _____ sangrienta.
7. Se espera que la diplomacia pueda disminuir o poner fin a la _____ de una guerra nuclear.

COMPRENSION

Ejercicio 1   Identify.
1. la política exterior
2. la política internacional
3. las relaciones internacionales

Ejercicio 2   Answer.
1. ¿Cuál es la medida menos deseable para defender los intereses del Estado?
2. Además de la política exterior y la política internacional, ¿qué abarcan las relaciones internacionales?
3. En el pasado, ¿por quiénes se efectuaban las interacciones a nivel internacional?

4. ¿Quiénes se reúnen con frecuencia en la ONU?
5. ¿Cómo juega la cultura un papel en las relaciones internacionales?

Ejercicio 3   True or false?
1. La política exterior es menos abarcadora que las relaciones exteriores o las relaciones internacionales.
2. La política exterior y la política internacional forman parte de las relaciones internacionales.
3. Las grandes empresas multinacionales no intervienen en la política internacional.
4. Es importante determinar y comprender como actúan los estados y por qué.

Ejercicio 4   Explain the following.
1. las decisiones de una nación que sirven para definir los objetivos y los programas de acción de la nación frente a otra(s)
2. el patrón de acciones de una nación hacia varias otras naciones
3. todas las interacciones entre las diferentes naciones y sus ciudadanos incluyendo el turismo, el comercio, las comunicaciones, etc.

Capítulo 13
ALGUNOS PARADIGMAS

El paradigma es una estructura formal e intelectual que organiza una serie de fenómenos dentro de un modelo para permitir que entendamos y analicemos mejor la masa de eventos que ocurren a diario. El campo de las relaciones internacionales también tiene sus paradigmas.

El paradigma tradicional

Este será el paradigma más antiguo, ya que se remonta a tres siglos, con sus comienzos en el Renacimiento. Se basa en la afirmación del Estado como la forma ideal de organización política y social y como suprema unidad política. Esta teoría política divide la vida social en dos mundos contrapuestos[1]: uno, el Estado mismo, donde, como consecuencia del pacto social, predomina la paz, la ley y el orden; y el otro, el de la sociedad internacional, donde predomina la ley de la selva[2], la ley del más fuerte, la falta del orden. Los tres postulados generales del paradigma tradicional son los siguientes.

* Una separación estricta existe entre la política interna y la política internacional. La política internacional tiene su propia moral donde el poder y la seguridad son de primera importancia y donde las motivaciones humanas tienen poca importancia.
* Los protagonistas de las relaciones internacionales son los estados y los estadistas. Los individuos sólo cuentan como componentes del Estado. No hay diferencia entre las relaciones internacionales y las relaciones interestatales.
* Las relaciones internacionales son una lucha por el poder y por la paz, ya que son, por su naturaleza, conflictivas. La política internacional, según este paradigma, tiene como factor principal el poder.

Algunos especialistas llaman este paradigma «el paradigma de la política de seguridad».

El paradigma idealista

Este paradigma es también antiguo y se relaciona con el tradicional. Dante Alighieri (1265-1321) escribió sobre la «universalidad del hombre» e idealizó un Estado mundial. En el siglo XX los idealistas llegaron a su apogeo[3] en la época entre las dos guerras mundiales. Para ellos, un nuevo orden mundial, basado en el respeto por la ley y la aceptación de valores compartidos, además del desarrollo de

---

[1]*opposing*   [2]*jungle*   [3]*peak*

organismos internacionales como la Sociedad de Naciones (1920-1946), sería la única manera de evitar una catástrofe como la Primera Guerra Mundial.

El paradigma realista

Los idealistas consiguieron su Sociedad de Naciones, pero no consiguieron evitar la Segunda Guerra Mundial. Este fracaso resultó en la preeminencia del paradigma realista inmediatamente después de la guerra. Los realistas dicen que sus raíces[4] se pueden encontrar en *El Príncipe* de Maquiavelo. Ellos tienen menos confianza que los idealistas en el poder de las leyes y las organizaciones internacionales y en el grado de cooperación internacional que se puede esperar. Para ellos, las relaciones internacionales son una «lucha por el poder» y no una «lucha por el orden» entre los estados. Los realistas creen que la meta de todo Estado es la seguridad en un ambiente internacional anárquico y hostil.

El paradigma de la sociedad global

Este paradigma, también llamado «paradigma de la interdependencia», nace de los cambios que ocurrieron después de la Segunda Guerra Mundial. Los partidarios de este paradigma mantienen que la realidad internacional actual tiene poco que ver con la realidad que originó y justificó el desarrollo del paradigma realista. Los «globalistas» creen que la seguridad ya no es la mayor o única preocupación de los estados en la política internacional, como lo era en la década de los 60. Estos son los postulados del paradigma globalista.

- El rápido desarrollo social, económico y tecnológico ha resultado en mayor interdependencia y cooperación, y por consiguiente ha transformado el mundo en una sociedad mundial. Los nuevos problemas, las nuevas necesidades y demandas han creado nuevos valores e intereses comunes en la sociedad mundial. El modelo conflictivo de los paradigmas realista y tradicional no sirve para una situación donde los factores culturales, económicos y tecnológicos son tan importantes como los políticos.
- El papel y significado del Estado han ido disminuyendo en cuanto a su habilidad para garantizar el bienestar y la seguridad del pueblo. Hay nuevos actores intergubernamentales y no gubernamentales cuyas acciones transnacionales tienden a limitar el margen de maniobra de los estados.
- La interdependencia y la obligación de atender al desarrollo económico y social han forzado a los estados a abrirse cada vez más al exterior. Esto ha hecho muy difícil separar la política interna de la política internacional.

El paradigma marxista

Marx mantenía que los sistemas económicos capitalistas, con su enfoque en la propiedad privada y la acumulación de riqueza, producía una clase dominante burguesa que explotaba al proletariado, o clase obrera. Según Marx, una vez que la «revolución de las masas» eliminara las distinciones de clases y la propiedad privada, ya no habría necesidad de gobiernos nacionales ni de estados. Habría una

---

[4]*roots*

sociedad global, comunista, donde cada uno recibiría bienes y servicios de acuerdo con su necesidad y no por privilegio.

El paradigma de la dependencia

Este paradigma también se debe a la toma de conciencia de que la realidad internacional es demasiado complicada para explicarse por medio del paradigma tradicional. Este paradigma es contemporáneo del paradigma globalista. Pero en vez de basarse en la idea de la interdependencia, se basa en la teoría de la dependencia, en la desigualdad y la dominación. Este paradigma es una nueva versión del paradigma marxista, y también se llama «paradigma neomarxista». Los postulados de este paradigma son los siguientes.

- Se considera al mundo como un único sistema económico, dominado por el capitalismo transnacional. El sistema es conflictivo y se basa en la desigualdad económica global.
- Se afirma que un cambio radical en las estructuras de un Estado no es posible sin que haya un cambio en el sistema global. La perspectiva de este paradigma es global. Se considera que los protagonistas son las clases transnacionales, las empresas transnacionales, las organizaciones no gubernamentales y los movimientos de liberación nacional.
- Los procesos y la dinámica del sistema se caracterizan en términos de conflicto y, sobre todo, en términos de explotación y dominación. Se ve una continua creación de lazos[5] de dependencia entre el Norte y el Sur. Y se ve una lucha de los pueblos y clases oprimidas contra la explotación y dominación. Este paradigma no reconoce la existencia de valores, intereses y objetivos comunes y globales.

Metodologías

Los dos campos metodológicos en las relaciones internacionales son el de los tradicionalistas y el de los partidarios del behaviorismo.

El tradicionalismo Para los tradicionalistas, que dominaban hasta la década de 1960, el conocimiento derivaba de la observación directa y la experiencia práctica o por sumergirse en las obras maestras de la historia diplomática y fuentes similares. Estas fuentes eran, mayormente, las memorias de estadistas, tratados de derecho internacional y obras filosóficas.

El behaviorismo Los adherentes del behaviorismo trataron de introducir más «ciencia» en su campo. Su meta era acumular un cuerpo de conocimientos basado en una metodología más sofisticada y rigurosa, similar a la de las ciencias físicas y biológicas. Ellos empleaban recursos tales como la acumulación y agregación de datos, técnicas de análisis cuantitativa y la informática. Se concentraban en el desarrollo sistemático y la prueba de teorías que explicaran la dinámica de las relaciones internacionales.

---

[5]*ties, links*

ESTUDIO DE PALABRAS

Ejercicio 1   Study the following cognates that appear in this chapter.

el paradigma	la propiedad	capitalista
la estructura	la acumulación	privado
la serie	el proletariado	complicado
el fenómeno	la revaluación	contemporáneo
el modelo	la distinción	neomarxista
la masa	la clase	radical
el evento	el privilegio	directo
la afirmación	la versión	sofisticado
la unidad	el proceso	riguroso
la teoría	la dinámica	
el pacto	el conflicto	organizar
el postulado	la explotación	permitir
la separación	la metodología	analizar
la moral	el behaviorismo	dividir
la motivación	los datos	predominar
el componente		existir
el protagonista	formal	resultar
el respeto	intelectual	mantener
la sociedad	ideal	originar
la universalidad	supremo	justificar
la aceptación	estricto	garantizar
el organismo	interno	limitar
la catástrofe	conflictivo	forzar
la preeminencia	idealista	separar
el grado	realista	exportar
la cooperación	anárquico	eliminar
la interdependencia	hostil	basarse
la realidad	global	introducir
la preocupación	gubernamental	acumular
el margen	económico	

Ejercicio 2   Complete each expression with the appropriate word(s).

1. affirmation of the State   la _____ del Estado
2. political organization   la _____ política
3. political theory   la teoría _____
4. internal politics (policy)   la política _____
5. international policy   la _____ internacional
6. security policy   la política de _____
7. a world State   un _____ mundial

8. world war   la guerra _____

9. respect for the law   el _____ por la ley

10. League of Nations   la Sociedad de _____

11. degree of international cooperation   el grado de _____ _____

12. global society   la sociedad _____

13. world society   la _____ mundial

14. conflictive model   el _____ conflictivo

15. maneuvering margin   el _____ de maniobra

16. capitalist economic system   el _____ económico _____

17. private property   la _____ privada

18. accumulation of wealth   la _____ de riqueza

19. revolution of the masses   la revolución de las _____

20. class distinction   la _____ de clases

21. national governments   los _____ nacionales

22. theory of dependence   la _____ de la _____

23. economic inequality   la desigualdad _____

24. radical change   el cambio _____

25. national liberation movements   los _____ de _____ nacional

26. oppressed classes   las _____ oprimidas

Ejercicio 3   Match the verbs in Column A with related nouns in Column B.

A	B
1. organizar	a. la afirmación
2. permitir	b. la división
3. analizar	c. la explotación
4. afirmar	d. la fuerza
5. dividir	e. el respeto
6. dominar	f. la acumulación
7. explotar	g. la organización
8. respetar	h. el resultado
9. aceptar	i. el permiso
10. resultar	j. la eliminación
11. cooperar	k. el análisis
12. forzar	l. la distinción
13. acumular	m. el dominio, la dominación
14. eliminar	n. la aceptación
15. distinguir	o. la cooperación
16. originar	p. el origen

Ejercicio 4   Select the appropriate word(s) to complete each statement.
1. El gobierno tiene la responsabilidad de _____ el orden público.
   a. mantener   b. organizar   c. originar
2. Un mayor _____ de cooperación internacional puede asegurar la paz mundial.
   a. fenómeno   b. pacto   c. grado
3. La clase obrera es _____.
   a. el proletariado   b. la burguesía   c. la sociedad global
4. La _____ del Estado se reconoce como suprema unidad política.
   a. organización   b. preeminencia   c. afirmación
5. La _____ del Estado es de primera importancia en la política internacional.
   a. organización   b. seguridad   c. universalidad
6. El concepto de _____ significa que los estados dependen el uno del otro.
   a. globalismo   b. dependencia   c. interdependencia
7. Los marxistas mantienen que el sistema económico capitalista producía una clase _____.
   a. dominante   b. obrera   c. anárquica
8. La _____ causa (crea) la desigualdad económica.
   a. motivación   b. separación   c. explotación

Ejercicio 5   Match the word or expression in Column A with its definition in Column B.

A	B
1. el respeto	a. el ejemplo, el modelo
2. la preeminencia	b. el principio claro y evidente
3. el protagonista	c. lo que ocurre
4. el postulado	d. la atención, la consideración
5. la teoría	e. relativo a una falta de gobierno, sin dirección, desorganizado
6. el fenómeno	
7. el paradigma	f. la superioridad
8. la afirmación	g. el personaje principal
9. anárquico	h. el conjunto de gente
10. la masa	i. la opinión, explicación o conocimiento especulativo
	j. el apoyo, la aserción, lo contrario de «la negación»

Ejercicio 6   Match the word or expression in Column A with its opposite in Column B.

A	B
1. interno	a. local
2. anárquico	b. indulgente
3. global	c. realista

4. privado   d. externo
5. idealista   e. multiplicar
6. estricto   f. organizado
7. la masa   g. público
8. permitir   h. el individuo
9. dividir   i. la explotación
10. la cooperación j. prohibir

Ejercicio 7   Match the English word or expression in Column A with its Spanish equivalent in Column B.

A	B
1. power	a. los valores compartidos
2. security	b. la confianza
3. peace	c. el bienestar
4. shared values	d. la maniobra
5. to avoid	e. la seguridad
6. failure	f. el pueblo
7. confidence	g. el poder
8. power of laws	h. la paz
9. battle, fight	i. el tratado
10. order	j. evitar
11. goal	k. actual
12. welfare	l. el fracaso
13. the people	m. la lucha
14. maneuver	n. la desigualdad
15. inequality	o. la meta
16. present, today	p. el orden
17. treaty	q. el poder de las leyes

Ejercicio 8   Complete each statement with the appropriate word(s).
1. Hay muchos _____ entre naciones para asegurar la paz mundial.
2. Una _____ de cualquier gobierno es la de mantener el _____ público.
3. El gobierno que funciona eficazmente tiene que pensar en el _____ del pueblo.
4. El pueblo tiene que tener _____ en el gobierno.
5. La _____ nacional es de primera importancia en las negociaciones internacionales.
6. La _____ económica existe cuando hay los que tienen mucho y los que no tienen casi nada.
7. Un programa que no tiene el apoyo del pueblo será un _____.
8. Es mejor no ejercer el _____ por fuerza.
9. Hay que tratar de _____ el uso de la fuerza para resolver problemas.
10. Los _____ son los que todos tenemos, los que son universales.

Ejercicio 9   Give the word or expression being defined.
1. lo contrario de «el éxito»
2. lo contrario de «la guerra»
3. la batalla, el conflicto
4. el objetivo
5. de hoy
6. el acuerdo
7. la paz, la tranquilidad
8. la comodidad, la vida agradable

COMPRENSION

Ejercicio 1   Follow the directions.
Explique lo que es un paradigma.

Ejercicio 2   True or false?
1. El paradigma más antiguo en el campo de las relaciones internacionales es el idealista.
2. Según el paradigma tradicional, predomina la paz y el orden en la sociedad del Estado y predomina la falta del orden en la sociedad internacional.
3. El paradigma idealista nació después de la Segunda Guerra Mundial.
4. El paradigma de la dependencia se llama también «el paradigma neomarxista».
5. La metodología tradicionalista dominaba en las relaciones internacionales hasta comienzos del siglo XX.

Ejercicio 3   Select what is being described.
el paradigma tradicional   el paradigma de la sociedad global
el paradigma realista e idealista   el paradigma marxista
el paradigma de la dependencia
1. La única manera de evitar una catástrofe es el establecimiento de un nuevo orden mundial basado en el respeto por la ley y la aceptación de valores compartidos.
2. La propiedad privada y la acumulación de riqueza produjeron una clase dominante que explotaba al proletariado.
3. Las relaciones internacionales son una lucha por el poder.
4. Se basa en la afirmación del Estado como la forma ideal de organización social y política.
5. La seguridad ya no es la mayor preocupación de los estados. El rápido desarrollo social, económico y técnico ha transformado el mundo en una sociedad mundial.
6. Una separación estricta existe entre la política interna y la política internacional.
7. El poder y la seguridad del Estado son de primera importancia.

8. La meta del Estado es la seguridad nacional o interna frente a un ambiente internacional anárquico y hostil.
9. Se basa en una teoría de desigualdad entre estados y la dominación de ciertas naciones sobre otras.
10. Se afirma que un cambio radical global es necesario y que los protagonistas son las organizaciones no gubernamentales y los movimientos de liberación nacional.

Ejercicio 4   Answer.
1. ¿Cuál es otro nombre que se le da al paradigma tradicional?
2. ¿Quién idealizó un Estado mundial?
3. ¿Cuál fue el gran proceso de los «idealistas», o sea, los adherentes del paradigma idealista?
4. ¿Cuál es otro nombre que se le da al paradigma de la sociedad global?
5. Según Marx, ¿qué iba a hacer la revolución de las masas?
6. ¿Cómo se caracterizan los procesos y la dinámica del sistema según los adherentes del paradigma neomarxista?
7. ¿Cuáles son los dos campos metodológicos en las relaciones internacionales?
8. ¿De qué derivaba la metodología tradicionalista?
9. ¿Qué trataron de introducir los adherentes del behaviorismo en las relaciones internacionales?

Capítulo 14
EL SISTEMA
INTERNACIONAL I

Los especialistas en relaciones internacionales fijan el comienzo de las relaciones internacionales en 1648 con la Paz de Westfalia que dio fin a la Guerra de los Treinta Años que había dejado en ruinas gran parte de la Europa central. Pero bien se sabe que había relaciones interestatales de importancia mucho antes de 1648.

La dinastía Chou (1122-221 a.C.)

Durante los nueve siglos entre 1122 y 221 antes de Cristo, en el área entre los ríos Huang Ho y Yangste en China, existía la dinastía Chou. Durante toda la existencia de la dinastía se establecieron contactos con diversos grupos exteriores, tanto en otras partes de China como en el subcontinente índico. Los historiadores dividen la dinastía en tres períodos: el período «Chou occidental» (1122-771 a.C.), el período de «Primavera y otoño» (771-483 a.C.) y el período de los «Estados en guerra» (483-221 a.C.).

Durante el primer período, la monarquía Chou era dominante; toda China, por lo menos en teoría, formaba parte de su feudo. Durante el período de «Primavera y otoño», el poder de los nobles creció[1] y llegó a amenazar el poder de la monarquía. El pueblo transfería su lealtad de la monarquía a los nobles feudales. Durante el tercer período, el de los «Estados en guerra», esta lealtad se vio transformada en un tipo de nacionalismo; el pueblo luchaba contra los otros estados para la gloria y honra de su «patria». Había, durante esta época, hasta cinco o seis mil pequeños estados en lucha constante.

Desintegración del sistema feudal La evolución de la dinastía Chou comienza con un poder central, la monarquía. Pero poco a poco los nobles le van restando[2] poder a la monarquía. Llega el momento en que los nobles se llaman «reyes» a sí mismos.

Este proceso de unificación seguida de la disgregación, seguida de la unificación de nuevo, se ve repetido en distintas áreas y distintas épocas. En 332 a.C. Alejandro Magno invadió a Egipto y fundó la ciudad de Alejandría. Cuando murió Alejandro en 323 a.C., los Tolomeos subieron al poder y gobernaron hasta 30 a.C., cuando, después de la muerte por suicidio de Cleopatra, su última reina, Egipto pasó a ser parte íntegra del Imperio Romano. Las alianzas, las intrigas, las

---

[1]*grew* [2]*taking away*

conspiraciones entre emperadores, faraones, políticos y generales, durante siglos, envolvieron[3] a Grecia, Roma, Persia y Egipto.

Aparición de la nación-estado
La importancia de la Paz de Westfalia en 1648 como fecha de comienzo de las relaciones internacionales, tales como las conocemos hoy, se debe a la coincidencia de ese evento con la desintegración del sistema feudal y la apariencia de la nación-estado. Nace en Europa un nuevo orden político basado en la soberanía de la nación-estado. Anteriormente, la sociedad humana se organizaba en otras entidades tales como las ciudades-estados de la antigua Grecia (800-322 a.C.) y los grandes imperios de Alejandro Magno y los Césares.

El balance del poder El sistema internacional de los siglos XVII y XVIII, época que se conoce en las relaciones internacionales como la Epoca clásica, tiene como eje Europa. Las principales figuras son los monarcas de los importantes estados europeos: Inglaterra, Francia, España, Austria, Prusia y Rusia. Todos estos grandes estados tenían más o menos el mismo poder y los mismos recursos. Lo que les preocupaba a todos era la posibilidad de que un Estado se adelantara a los otros. El orden tenía que mantenerse; tenía que haber un equilibrio. Una manera de establecer y mantener el equilibrio era con el «balance del poder». Para evitar que un Estado poderoso estableciera su hegemonía en Europa, los estados se ponían de acuerdo en formar coaliciones para confrontar cualquier potencia peligrosa.

Una característica de este sistema era la flexibilidad. Los estados formaban y disolvían alianzas con gran facilidad y frecuencia. Y como el poder nacional estaba en manos de un monarca, normalmente, las decisiones sobre las alianzas se tomaban rápidamente. Los monarcas estuvieron de acuerdo con no interferir en los asuntos interiores de ningún otro Estado de manera que pudiera afectar negativamente al sistema monárquico y en no permitir que ningún Estado llegara a dominar Europa.

Muchos estudiosos de las relaciones internacionales describen el sistema internacional de los siglos XVII y XVIII como «multipolar» ya que no había un solo centro de poder.

---

[3]*involved*

ESTUDIO DE PALABRAS

Ejercicio 1   Study the following cognates that appear in this chapter.

el especialista	el subcontinente	la gloria
las ruinas	el historiador	la honra
el área	la teoría	la evolución
la dinastía	el noble	el proceso
el contacto	la monarquía	la unificación
el grupo	el nacionalismo	el suicidio

la parte	la soberanía	existir
el Imperio Romano	el balance	dividir
el emperador	la hegemonía	transferir
la alianza	la coalición	transformar
la intriga		invadir
la conspiración	diverso	fundar
la coincidencia	dominante	gobernar
el evento	feudal	disolver
la desintegración	íntegro	formar
el sistema	romano	interferir
la apariencia	multipolar	
la nación-estado		

Ejercicio 2   Complete each expression with the appropriate word(s).
1. outside groups   los _____ exteriores
2. feudal lords   los nobles _____
3. in constant battle   en lucha _____
4. process of unification   el _____ de unificación
5. feudal system   el _____ feudal
6. State sovereignty   la _____ del Estado
7. balance of power   el _____ del poder

Ejercicio 3   Complete each statement with the appropriate word(s).
1. Durante la invasión las tropas destruyeron la ciudad. La dejaron en
   _____.
2. Había muchas intrigas durante la _____ para derrocar la
   monarquía.
3. El surgimiento del nacionalismo resultó en la _____ de los grandes
   imperios.
4. Julio César fue emperador del _____.
5. El ejército luchó para defender la _____ y la _____ de la
   nación.
6. No se puede _____ una sociedad comunista en una sociedad
   capitalista en un solo día.
7. India forma un _____ de Asia.

Ejercicio 4   Match the verbs in Column A with related nouns in Column B.

A	B
1. fundar	a. la disolución
2. defender	b. la transferencia
3. disolver	c. la fundación
4. interferir	d. la interferencia
5. transferir	e. la defensa

Ejercicio 5   Give the word or expression being defined.
1. el gobierno de un Estado por un rey o una reina
2. un grupo de estados sometidos a una soberanía común
3. el que rige o gobierna los estados sometidos a una soberanía común
4. la autoridad suprema del gobierno; la independencia de un país
5. la supremacía ejercida por un Estado sobre otros agrupados con él
6. la unión de varios partidos, estados o grupos contra otros
7. el complot, la unificación de varios grupos o personas contra algo o alguien, por lo general, contra quien gobierna o manda
8. el que por su nacimiento o por merced del soberano goza de ciertos privilegios
9. una serie de reyes o soberanos de un país

Ejercicio 6   Match the word or expression in Column A with its definition in Column B.

A	B
1. el suicidio	a. ser
2. interestatal	b. regir
3. transformar	c. destruido
4. existir	d. hacer cara a
5. en ruinas	e. la acción de morirse (matarse)
6. el evento	voluntariamente
7. confrontar	f. cambiar, modificar
8. gobernar	g. el acontecimiento, el suceso
	h. entre naciones

Ejercicio 7   Match the English word or expression in Column A with its Spanish equivalent in Column B.

A	B
1. to threaten	a. adelantarse
2. loyalty	b. el emperador
3. king	c. los asuntos interiores
4. queen	d. el eje
5. emperor	e. el rey
6. Pharaoh	f. la reina
7. city-state	g. el faraón
8. axis	h. amenazar
9. to advance, progress	i. el equilibrio
10. balance	j. la lealtad
11. domestic issues	k. la ciudad-estado

Ejercicio 8   Give the person's title.
1. Julio César
2. Isabel de Inglaterra

3. Juan Carlos de España
4. Maximiliano de Méjico
5. Ramsés de Egipto

Ejercicio 9   Complete each statement with the appropriate word(s).
1. Lo que pasa dentro del país son _____.
2. Existían _____, algunas bastante poderosas, en la antigua Grecia.
3. Los países industrializados pueden _____ más rápido que los países en vías de desarrollo.
4. Hace siglos que los ingleses tienen _____ a la monarquía.
5. Los militares van a _____ el gobierno con derrocarlo y reemplazarlo con una junta.

Ejercicio 10   Give the word or expression being defined.
1. progresar, hacer adelantos
2. la persona, cosa o circunstancia más importante alrededor de la cual se desarrolla lo demás
3. el balance
4. anunciar a alguien que se le va a hacer o causar daño
5. la monarca

COMPRENSION

Ejercicio 1   Answer.
1. ¿En qué tratado y en qué fecha se fija el comienzo de las relaciones internacionales?
2. ¿Dónde y durante qué siglos existía la dinastía Chou?
3. ¿En cuántos períodos se divide la dinastía Chou?
4. ¿Qué siguió a la desintegración del sistema feudal en Europa?
5. Anteriormente a la aparición de la nación-estado, ¿qué había existido?
6. Durante los siglos XVII y XVIII, ¿quiénes eran las principales figuras en el escenario internacional del mundo occidental?
7. ¿Cuál fue una preocupación de cada una de estas potencias?
8. ¿Qué hacían las naciones para tratar de evitar la hegemonía y mantener el balance del poder?
9. En los siglos XVII y XVIII, ¿en manos de quién estaba el poder nacional?

Ejercicio 2   Put the following events of the Chou dynasty in order.
1. El pueblo luchó contra los otros estados que formaban parte de la dinastía.
2. El poder de los nobles creció y el pueblo empezó a transferir su lealtad de la monarquía a los nobles feudales.
3. La monarquía era dominante.

Ejercicio 3   Explain how the following happens.
el proceso de unificación, seguida de disgregación, seguida de la unificación de nuevo

Capítulo 15
EL SISTEMA
INTERNACIONAL II

Napoleón Bonaparte y la Revolución francesa

En los tiempos de Napoleón había quizás 30 naciones-estados. Hoy hay más de 150. El nacionalismo surge en el siglo XIX en Europa. Lo irónico es que el mismo Imperio napoleónico trajo consigo el germen de su propia destrucción. Napoleón inspiró el nacionalismo polaco cuando Polonia se vio bajo el dominio de Prusia creando el Gran Ducado de Varsovia. Fue Napoleón quien unió los pequeños estados italianos bajo el antiguo nombre de «Reino de Italia». El arma de doble filo[1] que era el nacionalismo pronto se volvió contra el emperador francés. Este espíritu de nacionalismo apareció dramáticamente en España en 1808. Los ejércitos franceses habían conquistado a España. El rey de España era prisionero de Napoleón. El hermano de Napoleón, José Bonaparte, se había instalado en Madrid como jefe del Estado. El pueblo español se levantó contra el invasor. La Guerra de la Independencia duró años. Era mayormente una lucha de guerrillas españolas contra las tropas disciplinadas de Napoleón. Fue una de las primeras derrotas para el emperador. El ejemplo español fue imitado después en otras partes de Europa.

Los franceses, con su revolución, cambiaron para siempre el sistema europeo. El pueblo llegó a identificarse con el concepto de nación. Las tropas ya no luchaban por el rey, sino por la patria. Y, a pesar de que los españoles, y después los alemanes y otros, lucharon con furia contra los franceses, también admiraban los principios de la Revolución francesa, las ideas de «libertad, fraternidad e igualdad», el ideal de la democracia. La constitución española de 1812, también llamada la de Cádiz, siguió el modelo de la constitución francesa de 1791.

El Congreso de Viena

En el otoño de 1814 los representantes de las potencias europeas, entre ellos cuatro reyes y dos emperadores, se reunieron en Viena para forjar un convenio que daría fin a más de cuarto siglo de guerras. Los aliados, los que derrotaron a Napoleón, dijeron que su propósito era de «reconstruir el orden social y regenerar el sistema político europeo».

---

[1]*double-edged argument*

Para la democracia y los derechos de los pueblos, el Congreso de Viena fue un desastre. Los aliados cambiaron el mapa de Europa sin considerar los deseos de las poblaciones afectadas. A Suecia se le dio Noruega; Rusia anexó a Finlandia y a la mayor parte de Polonia. Italia fue totalmente desintegrada. A Austria se le concedieron Lombardía y el Veneto. Se le devolvieron al Vaticano los estados pontificios. Los borbones subieron de nuevo al trono de las Dos Sicilias (Nápoles). El nacionalismo italiano no triunfaría hasta 1872. Gran Bretaña, que había financiado las campañas contra Napoleón con subsidios y préstamos, recibió de los holandeses la Colonia del Cabo (hoy la República de Sudáfrica), Ceilán (hoy Sri Lanka), parte de la Guayana holandesa (hoy Guyana) y de Francia varias islas, entre ellas Malta.

Los representantes al Congreso eran unánimes en su deseo de mantener el poder de los monarcas y el sistema antiguo contra cualquier movimiento liberal. El déspota, Fernando VII, volvió a España desde Francia en 1814 e impuso un régimen reaccionario y represivo. Cuando parte del ejército y el pueblo se rebelaron, Austria, Rusia y Prusia decidieron apoyar a Francia en el envío[2] de tropas a España. Los «20.000 Hijos de San Luis» invadieron en abril de 1823, sofocaron la rebelión y abolieron la constitución de Cádiz. Así restauraron el régimen absolutista del monarca más odiado[3] en la historia de España. Las mismas potencias—Francia, Austria, Rusia y Prusia—otra vez a petición de Fernando se preparaban a intervenir en América para evitar la independencia de las colonias españolas y portuguesas. La oposición de Gran Bretaña dio fin a ese intento.

El nacionalismo se evidenció en varios movimientos independentistas. En 1822 los griegos, después de una década de guerra de guerrillas, proclamaron su independencia de los turcos, quienes los habían dominado desde 1453. En 1830, los belgas se rebelaron contra Holanda y establecieron su propia monarquía. En ese mismo año los polacos se levantaron contra el zar Nicolás I. El movimiento polaco, a pesar de unas victorias iniciales, no tuvo éxito.

Del Congreso de Viena hasta la Primera Guerra Mundial

El siglo entre el Congreso de Viena y el comienzo de la Primera Guerra Mundial fue mayormente una época de paz en las relaciones internacionales. Las grandes potencias se dedicaban al imperialismo. Su deseo de expansión se satisfacía con la conquista de territorios en Africa y Asia. Las colonias les daban a las potencias fuentes de materia prima y mercados para sus productos manufacturados. Pero ya en 1914 quedaba muy poco territorio para la expansión.

Las causas que precipitaron la guerra son muy conocidas: el asesinato del archiduque austríaco Francisco Fernando en Sarajevo el 28 de junio de 1914, por ejemplo. Las causas más profundas eran el nacionalismo y el imperialismo, la rivalidad económica entre las potencias europeas, las alianzas que se formaron en los años anteriores a la guerra y la carrera de armamentos. Los historiadores hacen

---

[2]*sending*   [3]*hated*

hincapié[4] en el hecho de que ninguna de las potencias deseaba una guerra europea. Austria, a lo máximo, quería una guerra limitada para castigar a los serbios y proteger su imperio.

La diplomacia fracasó. Las «potencias» se vieron impotentes ante los eventos que las precipitaron hacia la hecatombe de 1914-1918.

---

[4]*emphasize*

ESTUDIO DE PALABRAS

Ejercicio 1   Study the following cognates that appear in this chapter.

la nación-estado	la rebelión	inspirar
el nacionalismo	la petición	conquistar
el imperio	la interdependencia	instalar
la destrucción	la colonia	identificarse
el arma	el intento	admirar
el emperador	el zar	reconstruir
el espíritu	el imperialismo	regenerar
el prisionero	la expansión	considerar
el invasor	el producto	triunfar
la guerrilla	el asesinato	financiar
el concepto	el archiduque	imponer
la libertad	la causa	rebelarse
la fraternidad	la rivalidad	invadir
la igualdad	la alianza	sofocar
la constitución	la hecatombe	abolir
el representante		restaurar
el desastre	disciplinado	intervenir
el mapa	con furia	evidenciarse
la población	unánime	proclamar
el trono	liberal	dominar
la campaña	reaccionario	satisfacer
el subsidio	represivo	precipitar
el movimiento	manufacturado	
el déspota	impotente	
el régimen	social	

Ejercicio 2   Match the verbs in Column A with related nouns in Column B.

A	B
1. destruir	a. el triunfo
2. reconstruir	b. la invasión, el invasor
3. armar	c. la rivalidad
4. conquistar	d. la rebelión
5. invadir	e. la restauración

6. regenerar
7. triunfar
8. financiar
9. imponer
10. rebelar
11. abolir
12. restaurar
13. pedir
14. intervenir
15. dominar
16. rivalizar

f. el armamento
g. la intervención
h. la imposición
i. la destrucción
j. la petición
k. la reconstrucción
l. el dominio
m. la conquista
n. la regeneración
o. el financiamiento
p. la abolición

Ejercicio 3 Complete each expression with the appropriate word(s).
1. nation-states — las naciones-_____
2. guerrilla war — una guerra de _____
3. concept of nation — el concepto de _____
4. liberty, fraternity, and equality — _____, _____ e igualdad
5. democratic ideal — el _____ de la democracia
6. social order — el orden _____
7. Napoleonic campaigns — las campañas _____
8. repressive regime — un régimen _____
9. independence movement — el _____ independentista
10. economic rivalry — la rivalidad _____

Ejercicio 4 Complete each statement with the appropriate word(s).
1. Los aliados forman una _____.
2. El rey o el monarca subió al _____.
3. Todos estaban de acuerdo, a favor de la enmienda. La opinión era _____.
4. El último _____ de Rusia era Nicolás II.
5. Van a _____ las ruinas.
6. Un _____ represivo les quita los derechos a los ciudadanos.

Ejercicio 5 Give the word or expression being defined.
1. salir victorioso
2. ejercer dominio sobre
3. levantarse en contra de algo
4. sin poder
5. lo contrario de «conservador»
6. dar fondos, prestar dinero
7. el líder represivo
8. la idea, la noción

Ejercicio 6   Match the English word or expression in Column A with its Spanish equivalent in Column B.

A	B
1. army	a. el aliado
2. defeat	b. fracasar
3. to fight	c. el mercado
4. fatherland	d. el ejército
5. principle	e. el préstamo
6. to forge an agreement	f. la materia prima
7. ally	g. la derrota
8. loan	h. la carrera de armamentos
9. to support, back	i. luchar
10. source	j. castigar
11. raw material	k. la patria
12. market	l. la fuente
13. arms race	m. la hecatombe
14. to punish	n. apoyar
15. to fail	o. forjar un convenio
16. disaster, slaughter	p. el principio

Ejercicio 7   Give an equivalent expression for the italicized word(s).
1. Ellos van a *combatir*.
2. Ella luchó por su *país*.
3. Fue *un desastre*.
4. Va a *salir mal*. No tendrá éxito.
5. Van a *llegar a un acuerdo*.
6. Es un *fundamento* importante.

Ejercicio 8   Complete each expression with the appropriate word(s).
1. El petróleo, el carbón, etc., son _____.
2. Las minas de los Apalaches eran una _____ de carbón.
3. Antes de crear un producto, hay que determinar si existe un _____ para el producto.
4. Durante la «guerra fría», la _____ era tan peligrosa que causaba mucho miedo.
5. Las guerras siempre resultan en una _____.
6. _____ se compone de tropas de soldados.
7. No fue ninguna victoria. Fue una _____.
8. Es necesario _____ al culpable, al criminal.

COMPRENSION

Ejercicio 1   True or false?
1. Había más naciones-estados en la época de Napoleón que hay actualmente.
2. Napoleón unió los pequeños estados italianos.

3. El nacionalismo que inspiró Napoleón causó su destrucción al final.
4. La Guerra de la Independencia en España (1808-1814) era una lucha de guerrillas.
5. Las guerrillas eran los soldados de Napoleón porque los españoles tenían tropas disciplinadas.
6. Durante la Revolución francesa, el pueblo llegó a identificarse con el concepto de nación.
7. Los que se reunieron en el Congreso de Viena eran los aliados que habían derrotado a Napoleón.
8. Para la democracia y los derechos de los pueblos, el Congreso de Viena fue un gran éxito.
9. Las potencias que se reunieron en Viena en 1814 eran todas monarquías o imperios.
10. Fernando VII fue un déspota español odiado por sus súbditos.
11. Austria, Rusia, Prusia y Francia lucharon contra Fernando VII.

Ejercicio 2   Answer.
1. ¿Cuándo empezó a surgir el nacionalismo?
2. ¿Qué creó Napoleón para inspirar el nacionalismo en Polonia?
3. ¿Por qué se levantó el pueblo español contra Napoleón?
4. ¿Qué cambió para siempre al sistema político europeo?
5. Antes de la Revolución francesa, ¿por quién luchaban las tropas?
6. Después de la revolución, ¿por qué luchaban?
7. ¿Cuál es el ideal de la democracia?
8. ¿Quiénes se reunieron en el Congreso de Viena?
9. ¿A qué querían dar fin?
10. ¿Qué no consideraron las potencias que se reunieron en el Congreso de Viena?
11. ¿Qué querían mantener los representantes al Congreso de Viena?
12. ¿Por qué querían intervenir Francia, Austria, Rusia y Prusia en América?
13. ¿Por qué no intervinieron?
14. ¿A qué se dedicaban las grandes potencias antes de la Primera Guerra Mundial?
15. ¿Por qué eran importantes a las grandes potencias las colonias?

Ejercicio 3   Follow the directions.
Prepare Ud. una lista de las causas de la Primera Guerra Mundial.

Capítulo 16
INTERDEPENDENCIA Y ORGANIZACIONES INTERNACIONALES

Interdependencia

La interdependencia de los estados ya se notaba a fines del siglo pasado. No obstante, el período después de la Primera Guerra Mundial es cuando se hace más obvia. La Gran Depresión económica de los años 30 tuvo un impacto global debido a la interdependencia de los países industrializados.

Organizaciones internacionales

Después de la Primera Guerra Mundial también surgieron las organizaciones internacionales con las metas de asegurar la paz y la cooperación. El Presidente norteamericano Woodrow Wilson enunció sus 14 Puntos para la paz el 8 de enero de 1918. El último de los puntos pedía «una asociación general de las naciones... con el propósito de garantizar la independencia política y la integridad territorial tanto a estados pequeños como grandes».

La Sociedad de Naciones Como eco de Wilson, el convenio que establece la Sociedad de Naciones dice que su fin primordial[1] es «promover la cooperación internacional y lograr la paz y la seguridad internacionales». Para Wilson, la paz se aseguraría con la Sociedad de Naciones, que se creó en 1920 y que, irónicamente, no pudo contar con la participación de los EE.UU. Uno de los organismos de la Sociedad de Naciones que sobrevivió la muerte de la Sociedad de Naciones en 1946 es el Tribunal Internacional de Justicia que pasó a la Organización de las Naciones Unidas (ONU).

Con los tratados de Locarno (1925) y de Briand-Kellogg (1928), las grandes naciones trataron de quitar algunos de los impedimentos para la paz. El primero fue firmado por Francia, Gran Bretaña, Alemania, Italia y Bélgica; el segundo por 61 naciones, entre ellas Alemania, Italia y el Japón. Todos los firmantes prometieron resolver las disputas o los conflictos por medios pacíficos. El tratado declaraba que la guerra era ilegal salvo en el caso de la defensa nacional.

La Sociedad de Naciones, a pesar de las buenas intenciones y las palabras bonitas, no tenía poder real para intervenir en apoyo de sus propios principios. En 1931 el Japón invadió Manchuria sin que la Sociedad hiciera más que quejarse[2].

---

[1]*most important*   [2]*complain*

En 1935 Benito Mussolini invadió una casi indefensa Etiopía. Casi todo el mundo condenaba la invasión, pero la Sociedad se negó a imponer sanciones de ninguna clase. La Sociedad mostró su impotencia otra vez durante la Guerra Civil Española (1936-1939) cuando trató de evitar, inútilmente, la intervención de Alemania, Italia y la Unión Soviética. La invasión de Polonia por los nazis en 1939 y el comienzo de la Segunda Guerra Mundial terminaron con la Sociedad de Naciones.

La Organización de las Naciones Unidas (ONU) En 1945 nace la Organización de las Naciones Unidas, sucesora de la Sociedad de Naciones. La ONU, con sede en Nueva York, tiene más de 150 estados miembros. La ONU ha autorizado el uso de la fuerza armada en varias ocasiones: en Korea en 1950 y en Kuwait e Iraq en 1991. También ha enviado tropas a distintos lugares para mantener la paz: al Congo en 1960, a Gaza en 1967, a Bosnia Herzegovina en 1992, por ejemplo. Pero la ONU no es la única organización internacional; existen miles.

Organizaciones intergubernamentales y no gubernamentales Hay dos clasificaciones comunes para las organizaciones internacionales. Las organizaciones se clasifican como intergubernamentales o no gubernamentales, según su composición, su área geográfica y su función. Las organizaciones intergubernamentales tienen como miembros gobiernos nacionales y se fundan por medio de acuerdos entre estados. Las organizaciones no gubernamentales se componen de individuos o grupos independientes.

Algunas de las organizaciones intergubernamentales más conocidas son la Organización del Tratado del Atlántico Norte (OTAN), la Organización de los Estados Americanos (OEA), la Comunidad Económica Europea (CEE), la Organización de Países Exportadores de Petróleo (OPEP), el Banco Mundial y, por supuesto, la misma ONU. Entre las más importantes organizaciones no gubernamentales figuran la Cruz Roja Internacional, la Amnistía Internacional, la Organización Internacional de Polícias (*International Criminal Police Organization—INTERPOL*), la Asociación Internacional de Transporte Aéreo (*International Air Transport Association—IATA*).

Mientras que hay unas 300 organizaciones internacionales intergubernamentales, hay más de 3.000 organizaciones no gubernamentales. La mayoría de las organizaciones intergubernamentales funcionan a nivel regional y no global, la OEA, por ejemplo, y la Unión Postal Arabe. Algunas organizaciones internacionales, tanto intergubernamentales como no gubernamentales, tienen fines muy limitados; otros tienen múltiples objetivos. La ONU, obviamente, tiene una multitud de objetivos y responsabilidades. El Comité Olímpico Internacional se dedica a objetivos muy limitados y específicos.

Las organizaciones no gubernamentales tienen un papel importante. En 1850 existían unas cinco organizaciones de este tipo. En 1939 unas 730, y hoy, como se ha visto, más de 3.000. Sus miembros tienden a representar unas élites que, con frecuencia, sirven de consultores a sus gobiernos y afectan la política exterior. Muchas de estas organizaciones, especialmente las científicas y académicas, tienen acceso a las agencias de las Naciones Unidas igual que a las de sus propios gobiernos. Una gran proporción de las interacciones transnacionales son efectuadas por las empresas multinacionales. Algunos especialistas mantienen que la proliferación de interacciones transnacionales, de cualquier índole[3], ayuda a eliminar los prejuicios[4] y mejorar las relaciones.

Las organizaciones intergubernamentales tienden a dedicarse o a asuntos de «alta política» o de «baja política», es decir, a asuntos de transcendental importancia como son el desarme y la seguridad nacional, o a asuntos más técnicos y limitados, como las tarifas postales internacionales o la política arancelaria.

El «funcionalismo» Los partidarios del «funcionalismo» como teoría de las relaciones internacionales mantienen que los gobiernos se acostumbrarán a la cooperación por su experiencia con las organizaciones intergubernamentales en asuntos de «baja política» y transferirán ese espíritu de colaboración a los asuntos de «alta política».

La ONU, igual que la Sociedad de Naciones, se fundó basándose en el concepto de la «seguridad colectiva». La creación de las dos organizaciones tuvo lugar después de una guerra mundial. Hoy, la Organización de las Naciones Unidas se dedica a mucho más que la «seguridad colectiva». La figura en la página 112 muestra algunas de las actividades y las responsabilidades de los diferentes organismos de la ONU.

---

[3]*type*   [4]*prejudices*

ESTUDIO DE PALABRAS

Ejercicio 1   Study the following cognates that appear in this chapter.

la tropa	el impacto	la cooperación
la clasificación	la cooperación	el espíritu
la composición	el punto	la colaboración
el área	la asociación	
la función	la integridad	armado
el miembro	el eco	común
el individuo	la nación	gubernamental
el grupo	la participación	intergubernamental
el banco	la organización	geográfico
la multitud	el impedimento	científico
la élite	la disputa	académico
el consulado	el conflicto	multinacional
el consultor	la defensa	obvio
el acceso	la intención	económico
la agencia	la justicia	global
la proporción	la sanción	industrializado
la interacción	la impotencia	territorial
la proliferación	el nazi	internacional
la interdependencia	la seguridad	ilegal
el período	la tarifa	nacional
la depresión	la teoría	sucesor

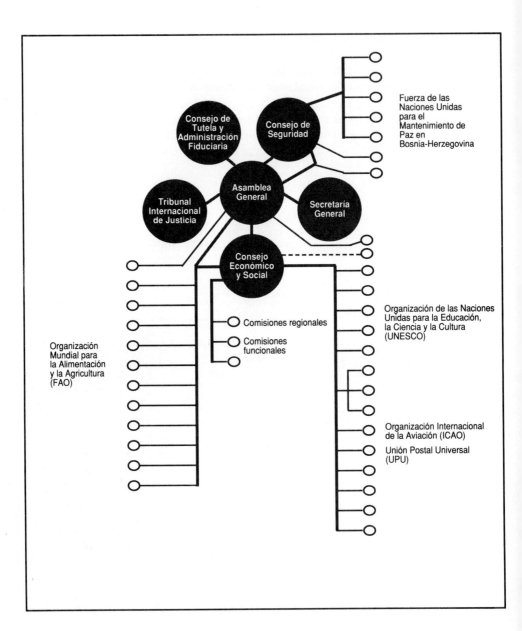

transcendental	notar	resolver
postal	enunciar	declarar
colectivo	garantizar	intervenir
	promover	invadir
autorizar	crear	condenar
dedicarse	basar	imponer
transferir		

Ejercicio 2 Complete each expression with the appropriate word(s).
1. global impact — el _____ global
2. international organization — la organización _____
3. territorial integrity — la _____ territorial
4. national security — la seguridad _____
5. to resolve the dispute — resolver la _____
6. national defense — la defensa _____
7. to impose sanctions — imponer __ _____
8. geographical area — el _____ geográfica
9. multinational enterprise — la empresa _____
10. international postal rates — las tarifas _____ internacionales
11. armed force — la fuerza _____
12. collective security — la seguridad _____

Ejercicio 3 Complete each title with the appropriate word(s).
1. International Court of Justice — el Tribunal _____ de _____
2. League of Nations — la Sociedad de _____
3. United Nations Organization (UNO) — la Organización de las _____ Unidas (ONU)
4. North Atlantic Treaty Organization (NATO) — la _____ del Tratado del Atlántico Norte (OTAN)
5. Organization of American States (OAS) — la _____ de los _____ Americanos (OEA)
6. European Economic Community (EEC) — la _____ Económica Europea (CEE)
7. Organization of Petroleum Export Countries (OPEC) — la _____ de Países Exportadores de _____ (OPEP)
8. World Bank — el _____ Mundial
9. International Red Cross — la Cruz Roja _____
10. Amnesty International — la Amnistía _____
11. International Air Transport Association (IATA) — la _____ _____ de Transporte Aéreo

Ejercicio 4   Match the verbs in Column A with related nouns in Column B.

A	B
1. garantizar	a. la condena
2. promover	b. la invasión
3. crear	c. la autorización
4. prometer	d. la creación
5. defender	e. la garantía
6. intervenir	f. la imposición
7. invadir	g. la defensa
8. condenar	h. la promoción
9. imponer	i. la transferencia
10. autorizar	j. la intervención
11. transferir	k. la promesa
12. resolver	l. la resolución

Ejercicio 5   Give the word or expression being defined.
1. de la economía
2. del territorio
3. de la nación
4. del gobierno
5. de la geografía
6. del mundo
7. de la ciencia

Ejercicio 6   Match the word or expression in Column A with its definition in Column B.

A	B
1. crear	a. el precio
2. resolver	b. el hecho de multiplicarse
3. el conflicto	c. el conjunto de miembros
4. ilegal	d. asegurar
5. enunciar	e. producir algo nuevo
6. obvio	f. el uso
7. garantizar	g. de todos
8. común	h. la disputa
9. la función	i. que se extiende a otras cosas
10. el grupo	j. fuera de la ley
11. el acceso	k. hallar la solución
12. la proliferación	l. evidente
13. transcendental	m. expresar una idea
14. la tarifa	n. corriente
15. colectivo	o. la entrada a la comunicación
16. la impotencia	p. la falta de poder

Ejercicio 7 Select the appropriate word(s) to complete each statement.
1. En casos extremos la Organización de las Naciones Unidas
   _____ la guerra.
   a. sancionará   b. autorizará   c. promoverá
2. Una meta importante de las Naciones Unidas es la de proteger
   _____ geográfica de cada Estado.
   a. la integridad   b. el área   c. la defensa
3. Lo que dificulta cualquier proceso o procedimiento es _____.
   a. una participación   b. una sanción   c. un impedimento
4. Bush fue el _____ de Reagan.
   a. consultor   b. sucesor   c. científico
5. Las fuerzas armadas de una nación sirven para defender _____.
   a. el poder nacional   b. la proliferación   c. la seguridad nacional
6. _____ una nación es _____ en sus asuntos interiores.
   a. Invadir   b. Imponer   c. Intervenir
   a. invadir   b. imponer   c. intervenir

Ejercicio 8 Select the appropriate word to complete each expression.
   imponer   enunciar   garantizar
   resolver   promover   intervenir
1. _____ un plan nuevo
2. _____ en el conflicto
3. _____ la disputa
4. _____ la paz
5. _____ sanciones
6. _____ la integridad territorial

Ejercicio 9 Match the English word in Column A with its Spanish equivalent in Column B.

A	B
1. to rise	a. lograr
2. to assure	b. sobrevivir
3. to attain	c. firmar
4. to survive	d. asegurar
5. to sign	e. surgir

Ejercicio 10 Select the appropriate word to complete each statement.
   surgió   aseguró   logró
   sobrevivió   firmó
1. El presidente _____ el acuerdo.
2. _____ un movimiento neomarxista.
3. El jefe _____ el atento de asesinato.
4. Por fin _____ la paz.
5. El convenio _____ un período de paz.

Ejercicio 11 Match the English word or expression in Column A with its Spanish equivalent in Column B.

A	B
1. peace	a. la tarifa arancelaria
2. agreement, pact	b. la empresa
3. security	c. la paz
4. treaty	d. la sede
5. agreement, accord	e. el tratado
6. signer	f. el acuerdo
7. seat, headquarters	g. el convenio
8. peaceful means	h. el fin
9. goal	i. la seguridad
10. enterprise	j. el desarme
11. disarmament	k. los medios pacíficos
12. duty (customs') tariff	l. el firmante
13. high politics	m. la política baja
14. low politics	n. la política alta

Ejercicio 12 Complete each statement with the appropriate word(s).
1. Lo contrario de «la guerra» es la _____.
2. Es mejor resolver cualquier conflicto por _____ que por fuerza armada o guerra.
3. El _____, sobre todo el _____ nuclear, es una meta o _____ de todos los que quieren _____ la paz mundial.
4. La IBM es una gran _____ multinacional.
5. La _____ nacional se considera de importancia primordial.
6. Hay poca diferencia en el significado de las palabras «_____», «_____» y «_____». Pero un _____ es un pacto; un _____ es una resolución entre dos partidos y un _____ es un documento realizado entre dos estados o soberanos.
7. Para que sea un acuerdo o un convenio, hay que tener más de un _____.
8. La _____ de las Naciones Unidas está en _____.

Ejercicio 13 Give the word or expression being defined.
1. poner su nombre en
2. garantizar
3. el pacto
4. la meta, el objetivo
5. aparecer, presentar

COMPRENSION

Ejercicio 1 True or false?
1. Durante toda la historia de la civilización la interdependencia de los estados ha sido importante.

2. La ONU no autoriza nunca el uso de la fuerza armada en la resolución de un conflicto.
3. Los miembros de las organizaciones internacionales no gubernamentales tienden a representar a los de la clase obrera.
4. La creación de la Sociedad de Naciones y de la Organización de las Naciones Unidas tuvo lugar después de una guerra mundial.

Ejercicio 2   Answer.
1. ¿Cuál era (es) la meta de las organizaciones internacionales que surgieron después de la Primera Guerra Mundial?
2. ¿Quién enunció los 14 Puntos para la paz en 1918?
3. ¿Qué pedía el último de los 14 puntos?
4. ¿Cuál fue el fin primordial de la Sociedad de Naciones?
5. ¿Fue miembro de esta sociedad los EE.UU.?
6. ¿Qué prometieron resolver los firmantes de los tratados de Locarno y el de Briand-Kellogg? ¿Cómo?
7. ¿Por qué no tuvo éxito la Sociedad de Naciones?
8. ¿Qué dio fin a la Sociedad de Naciones?
9. ¿Cuál es la organización sucesora de la Sociedad de Naciones?
10. ¿Cuáles son dos clasificaciones de organizaciones internacionales?
11. ¿Por qué es importante la proliferación de interacciones transnacionales?

Ejercicio 3   Follow the directions.
1. Identifique cuatro eventos conflictivos contra los cuales la Sociedad de Naciones no pudo hacer nada.
2. Identifique los conflictos en que la ONU sancionó el uso de la fuerza armada.
3. Identifique tres organizaciones internacionales intergubernamentales.
4. Identifique tres organizaciones internacionales no gubernamentales.

Ejercicio 4   Complete each statement with the appropriate word(s).
1. En 1931 el Japón invadió _____.
2. La Guerra Civil Española estalló (comenzó) en _____.
3. _____, _____ y _____ intervinieron en la Guerra Civil Española.
4. Benito Mussolini, el dictador italiano, invadió _____ en 1935.
5. _____ invadieron a Polonia en 1939.
6. _____ nació en 1945.
7. La ONU tiene más de _____ miembros.

Capítulo 17
POLITICA EXTERIOR I

Política exterior y conducta

La política exterior se compone de aquellas decisiones tomadas por los dirigentes del gobierno que sirven para guiar el comportamiento de los estados en determinadas situaciones internacionales. Es decir, la política exterior provee las pautas[1] y las prioridades para ayudar a escoger[2] entre varias alternativas las acciones que mejor lograrán los objetivos del Estado. La conducta de la política exterior se compone de las acciones específicas que toman los estados en apoyo de su política exterior. La política exterior se enfoca en los «fines», y la conducta de la política exterior en los «medios».

Los medios o instrumentos que emplean los estados en la conducta de su política exterior son de diferentes tipos; son políticos, diplomáticos, militares y económicos. Por lo general, la política exterior de un Estado se dirige o para mantener el *statu quo* —el estado o las condiciones que existen en la actualidad— o para cambiar las condiciones para que sean más favorables para el Estado.

Alianzas y alineamientos Las alianzas son acuerdos formales entre estados para la defensa mutua. Típicamente, estos acuerdos obligan a los firmantes a prestar ayuda militar a los otros en caso de conflicto militar. Los alineamientos pueden ser alianzas formales, pero no necesariamente. Pueden ser nada más que una postura favorable hacia la política de otra nación o bloque de naciones. Por lo común, los países «alineados» con un bloque tienden a apoyar la política internacional del bloque. Hasta los años 90 en las Naciones Unidas, los votos sobre asuntos importantes tendían a representar los alineamientos de los bloques soviético y angloamericano. Los países alineados también, con frecuencia, tienen varios acuerdos políticos, económicos, culturales o científicos entre ellos. Las alianzas proveen unas cuantas ventajas. Los aliados pueden combinar sus recursos militares y evitar la duplicación; pueden tener acceso a bases militares en territorio aliado. También existe la posibilidad de verse involucrado[3] en un conflicto innecesario o de verse abandonado por los aliados en caso de guerra.

Pacto de no beligerancia Otro tipo de acuerdo entre estados es el pacto de no beligerancia o de no agresión. Uno de los más famosos era el pacto de no agresión entre la Unión Soviética y la Alemania nazi que resultó en la invasión de Polonia por Hitler, la repartición del país entre la U.R.S.S. y Alemania y el comienzo de la

---

[1]*guidelines, rules*   [2]*to choose*   [3]*involved*

Segunda Guerra Mundial. El pacto se firmó en 1939. En 1940 Hitler invadió la U.R.S.S.

Neutralidad y no alineamiento La neutralidad estricta, tal como la practica Suiza, es una postura formal de independencia política, de imparcialidad en los asuntos internacionales y el rechazo de participación en alianzas de cualquier índole[4]. Los suizos se negaron a ingresar en la ONU por temor a que su participación afectara su neutralidad.

El no alineamiento es un concepto más reciente que la neutralidad y surgió del conflicto de este y oeste, o sea, del bloque soviético y el angloamericano. Era una política de independencia y autonomía ante los intereses de las grandes potencias y sus bloques respectivos. Se contrastaba con la neutralidad en que los países no alineados podían apoyar o no determinada política de las potencias en un momento dado, según sus propios intereses. La India era uno de los grandes proponentes del no alineamiento.

Regionalismo, globalismo y aislacionismo La política exterior de las naciones refleja el ámbito geográfico de sus actividades e intereses. La política exterior de la mayoría de los estados tiene un enfoque regional. Las interacciones políticas de las repúblicas latinoamericanas son con las otras repúblicas del continente. Igual ocurre en Asia y en Africa. Esto se refleja en las organizaciones intergubernamentales tales como la «Unión de países exportadores del banano», «la Asociación latinoamericana de libre cambio», «la Organización de unidad africana», «la Asociación de naciones del sureste de Asia». Muchas naciones no tienen los recursos económicos necesarios para mantener embajadas en más que un reducido número de capitales. Casi el 70% de los estados tienen embajadas en menos de 60 países. Normalmente, las interacciones entre países como el Ecuador en Suramérica y la República Centroafricana serían mínimas. No obstante, el foro que ofrece la ONU provee la oportunidad para la interacción entre países que normalmente tendrían poquísimo contacto.

Las grandes naciones como los EE.UU., Francia y el Reino Unido operan en un ámbito global. Tienen contactos con casi todas las naciones del mundo. Tienen embajadas, misiones militares y comerciales; ofrecen ayuda militar y económica. Tratan de ejercer algún control sobre eventos que ocurren en otros continentes, a veces con éxito, otras veces, no. Sus intereses son realmente globales. Tienen los recursos y los medios para obrar en todas partes a favor de sus objetivos. Otros países que pertenecen a este grupo selecto de estados, además de los otros mencionados anteriormente, son el Japón, con su enorme poder económico, la República Popular de China y Alemania.

El aislacionismo es una política nacional que aboga por[5] mantenerse apartado de otras naciones y por no entrar en acuerdos ni alianzas militares, económicos, políticos, ni de ninguna otra clase. Algunos estados, por diferentes razones, son aislacionistas. Puede ser, simplemente, porque están muy aislados geográficamente, aunque hoy día sería muy raro, porque su política exterior es inexistente o porque

---

[4]*type* [5]*advocates*

tienen un enfoque tan limitado que excluye las interacciones internacionales. Los EE.UU., después de su independencia y otra vez después de la Primera Guerra Mundial, pasó por períodos de aislacionismo. También la Unión Soviética durante la época después de la Revolución bolchevique y la República Popular de China durante la década de 1960 siguieron una política de aislacionismo en estos períodos.

Formas de comportamiento

Los estados tienden a seguir unos patrones[6] en la manera en que se comportan en su política exterior.

Multilateral o bilateral Algunas naciones tienden a obrar de forma más multilateral que bilateral. Esto quiere decir que tratan de resolver los problemas en foros como las Naciones Unidas. Buscan la colaboración y participación de varios o muchos países para resolver los posibles conflictos. Otras naciones tienden a obrar bilateralmente. Los tratados y convenios sobre el desarme entre los EE.UU. y la antigua U.R.S.S. fueron el resultado de negociaciones bilaterales. Algunos estados participan en gran número de organizaciones internacionales. España, por ejemplo, pertenece a unas 113 organizaciones intergubernamentales y México a 94. La República Popular de China y los Estados Unidos no sobrepasan las 25. Los países escandinavos son los que pertenecen al mayor número de organizaciones internacionales.

Intervencionismo Los estados varían también en su grado de activismo, o sea, su propensión para tomar la iniciativa en las relaciones internacionales o para oponerse a las iniciativas de otros. La disposición de los estados a recurrir a la fuerza es una dimensión de activismo. Otro aspecto es la tendencia hacia la intervención en los asuntos internos de otros estados. La intervención más obvia es la intervención militar, como la de la U.R.S.S. en Checoslovaquia en 1968 y la de Iraq en Kuwait en 1990. La intervención también puede ser económica. Algunos estados proveen fondos a partidos políticos extranjeros o dan ayuda clandestina a grupos rebeldes. No son solamente las grandes potencias que son intervencionistas. También lo son muchos países relativamente pequeños como Libya, Israel y Cuba.

---

[6]*patterns*

ESTUDIO DE PALABRAS

Ejercicio 1   Study the following cognates that appear in this chapter.

la conducta	el objeto	la alianza
la decisión	el instrumento	el alineamiento
el comportamiento	los recursos	la postura
la situación	la base	el bloque
la prioridad	la misión	el voto
la alternativa	el *statu quo*	la duplicación
la acción	el aspecto	el pacto

la beligerancia	la propensón	aparte
la agresión	la iniciativa	aislacionista
la invasión	la disposición	inexistente
la repartición	la dimensión	multilateral
la neutralidad		interno
el no alineamiento	internacional	clandestino
la imparcialidad	específico	rebelde
la participación	político	intervencionista
el concepto	diplomático	
la autonomía	militar	guiar
el interés	económico	obligar
el regionalismo	favorable	combinar
el globalismo	formal	contrastar
el aislacionismo	mutuo	mantenerse
la capital	reciente	resolver
el contacto	regional	variar
el control	reducido	oponer
la colaboración	comercial	
la negociación	apartado	

Ejercicio 2   Complete each expression with the appropriate word(s).

1. political conduct   la _____ política
2. international situation   la _____ internacional
3. formal agreement   un acuerdo _____
4. military aid   la ayuda _____
5. military conflict   el _____ militar
6. military resources   los recursos _____
7. military bases   las _____ militares
8. military missions   las _____ militares
9. formal alliance   la _____ formal
10. nonalignment   el no _____
11. nonagression pact   el _____ de no agresión
12. global environment   el ámbito _____
13. global interests   los intereses _____
14. bilateral negotiations   las _____ bilaterales
15. rebellious group   el _____ rebelde

Ejercicio 3   Match the verbs in Column A with related nouns in Column B.

A	B
1. conducir	a. el alineamiento
2. decidir	b. el contraste
3. guiar	c. la disposición
4. alinear	d. la conducta
5. votar	e. el voto
6. invadir	f. la negociación

7. contrastar   g. la decisión
8. resolver   h. la iniciativa
9. negociar   i. la guía
10. iniciar   j. la resolución
11. disponer   k. la invasión
12. oponer   l. la oposición

Ejercicio 4   Match the word or expression in Column A with its opposite in Column B.

A	B
1. reciente	a. el regionalismo
2. la imparcialidad	b. unilateral
3. la autonomía	c. alto
4. el globalismo	d. la subyugación
5. reducido	e. antiguo, de antaño
6. existente	f. la parcialidad
7. bilateral	g. inexistente

Ejercicio 5   Complete each statement with the appropriate word(s).
1. El uso de la fuerza armada, o sea, la _____ de un Estado por parte de otro, es un acto de _____.
2. El país que se abstiene de intervenir en un conflicto entre otras naciones sigue una política de _____.
3. La _____ del Perú es Lima.
4. Los países de un área geográfica específica, como los de la América del Sur, por ejemplo, suelen tener mucho _____ entre sí.
5. El país que sigue una política de _____ se mantiene apartado de otras naciones sin entrar en acuerdos ni alianzas.
6. La OTAN es una _____ formal.
7. Un convenio es un _____.

Ejercicio 6   Match the word or expression in Column A with its definition in Column B.

A	B
1. la conducta	a. el convenio
2. la prioridad	b. la opción entre otras cosas
3. el objetivo	c. recíproco
4. la alternativa	d. el comportamiento
5. el *statu quo*	e. la anterioridad en consideración o
6. mutuo	superioridad en importancia
7. el pacto	f. oculto de las autoridades
8. clandestino	g. la meta, el fin

9. la autonomía

10. la propensión
11. la repartición
12. el concepto
13. el acceso

h. la situación tal como existe en el momento
i. la inclinación, la predisposición
j. la distribución
k. la idea, la opinión, el juicio
l. la independencia, libertad; país que se gobierna por sus propias leyes
m. la entrada

Ejercicio 7   Match the English word or expression in Column A with its Spanish equivalent in Column B.

A	B
1. foreign policy	a. la embajada
2. leader	b. la política exterior
3. in support of	c. los medios
4. ends	d. los fines
5. means	e. la ventaja
6. present day	f. el foro
7. aligned nations	g. el dirigente
8. advantage	h. los países alineados
9. rejection	i. en apoyo de
10. embassy	j. actualmente
11. forum	k. el rechazo

Ejercicio 8   Complete each statement with the appropriate word(s).
1. Muchas de las _____ se encuentran en la Avenida Massachusetts en Washington. El gobierno de los EE.UU. mantiene _____ en casi todas las capitales del mundo.
2. _____ son las naciones que pertenecen a un bloque militar.
3. La Organización de las Naciones Unidas sirve de _____ para la interacción entre países que normalmente tendrían poco contacto.
4. El _____ del gobierno estadounidense es el presidente.
5. La _____ se ve en las decisiones tomadas por una nación en sus relaciones con otra u otras.

Ejercicio 9   Give the word or expression being defined.
1. los objetivos finales
2. los métodos, modos, mecanismos que se emplean para hacer algo
3. hoy (en) día
4. el líder, el jefe
5. a favor de
6. lo contrario de «la aceptación»
7. la superioridad de una cosa sobre otra

COMPRENSION

Ejercicio 1   True or false?
1. La política exterior se enfoca en los fines que un Estado quiere realizar en sus relaciones con otro Estado.
2. La conducta de la política exterior se enfoca en los medios que se emplean para lograr estos fines.
3. Por lo general, el objetivo de la política exterior de un Estado es el de mantener el *statu quo.*
4. Los votos en las Naciones Unidas no se relacionan con alineamientos.
5. Las naciones más pequeñas operan en un ámbito global.
6. Los EE.UU. nunca abogó por una política de aislacionismo.
7. Sólo las grandes potencias son intervencionistas.

Ejercicio 2   Answer.
1. ¿Qué significa «la política exterior»?
2. ¿De qué tipos son los instrumentos que emplean los estados en la conducta de su política exterior?
3. ¿Qué es una alianza?
4. ¿A qué obligan a los firmantes los acuerdos que forman alianzas?
5. ¿Cuáles son algunas ventajas de una alianza?
6. ¿Qué es la neutralidad?
7. ¿Cuál es la diferencia entre la neutralidad y el no alineamiento?
8. ¿Los intereses de qué tipo de Estado son realmente globales?
9. ¿Qué es el aislacionismo?

Capítulo 18
POLITICA EXTERIOR II

Conducta de la política exterior

Los estados actúan de cierta manera y según ciertos patrones en su política exterior. ¿Por qué? No todos los países se comportan de la misma manera. Algunos siguen una política de no alineamiento, otros son intervencionistas, otros aislacionistas. Otros se limitan a un papel puramente regional, otros son actores en un escenario global.

Intereses nacionales Muchos especialistas tratan de explicar el comportamiento de los estados en su política exterior como, sencillamente, la promoción de los intereses nacionales. El interés nacional primordial es, obviamente, la supervivencia del Estado, la seguridad de la población y la integridad del territorio nacional. Otros intereses nacionales son el bienestar económico y la independencia y autonomía en la conducta de los asuntos internos. Claro está que estos intereses se interpretan de distintas formas en el campo de la práctica. Una operación militar puede considerarse por uno nada más que la defensa de la integridad territorial y por otro una descarada[1] agresión. También existe el problema de la posible incompatibilidad de los intereses. El bienestar económico puede sufrir a causa de una guerra para asegurar la independencia y autonomía. Tampoco dan los diferentes dirigentes la misma prioridad a los intereses.

Hay varios esquemas para clasificar los factores que afectan la conducta. Un esquema cita tres tipos de factores: los factores sistémicos, los de atributos nacionales y los factores idiosincráticos.

Factores sistémicos

Entre los factores sistémicos se encuentran la geografía, las interacciones y el «linkage» y la estructura del sistema internacional.

Geografía La situación geográfica de las naciones influye mucho en su política exterior. Alemania se ha visto situada entre dos potencias antagónicas, Francia y Rusia. Dos veces en este siglo ha invadido a Francia. Más que nada Alemania quería eliminar rápidamente a uno de sus enemigos y así evitar la guerra de dos frentes, pero no pudo. El acceso al mar, o la falta de acceso al mar, ha sido causa de conflictos y de guerras. Un resultado de la guerra del Pacífico (1839) entre Bolivia y Chile fue la pérdida de acceso al mar por parte de Bolivia. El tratado de paz después de la guerra del Chaco contra Paraguay (1932-1938) le

---

[1]*shameless*

concedió a Bolivia acceso al Océano Atlántico por el río Paraguay. Los Estados Unidos goza de fronteras con sólo dos países con los cuales ha mantenido muy buenas relaciones. La India, China y la Unión Soviética siempre han tenido muy cerca estados hostiles o enemigos y fronteras que tenían que defender.

El control de las vías navegables influye también en la política exterior, aunque menos hoy que en el pasado. La intervención anglofrancesa en Suez en 1956 para asegurar acceso al canal y el establecimiento de la Zona del Canal de Panamá por los EE.UU. a comienzos del siglo XX son ejemplos. Los estados pequeños que se encuentran físicamente entre potencias enemigas pueden optar por la neutralidad o por la alianza con uno u otro rival. La neutralidad no salvó a los Países Bajos durante las Guerras Mundiales. Maquiavelo mantenía que los estados contiguos eran rivales por naturaleza—Francia y Alemania, Austria e Italia, Rusia y China. Pero también existen modelos contrarios como el de los EE.UU. y el Canadá.

Interacciones y el «linkage» James Rosenau (*Pre-Theories and Theories of Foreign Policy*) define el «linkage» como «toda secuencia recurrente de comportamiento que, originada en un sistema, produce una reacción en otro». La teoría del linkage propone que, en una época de armas nucleares y misiles intercontinentales, el Estado ya no es una unidad defendible. Según el concepto del linkage, la política interna y la internacional se interrelacionan. Las grandes potencias tratan de socavar la soberanía de los países menos poderosos. Se considera que las esferas políticas interna e internacional son dos sistemas en interacción.

Según Rosenau hay tres clases de linkage: penetrativo, reactivo y emulativo. El linkage penetrativo ocurre cuando los representantes de un Estado actúan en el proceso de otro Estado, política, militar o económicamente. El linkage reactivo ocurre cuando algún evento en un Estado provoca una reacción en otro aunque no haya ninguna participación directa de los miembros de un Estado en el otro. El linkage emulativo, como indica su nombre, es una reacción imitatoria. Ocurre cuando un evento en un sistema se repite independientemente en otro como reacción, por ejemplo, los levantamientos anticoloniales consecutivos de la década de 1960.

Otro aspecto del linkage es la idea del comportamiento adaptivo de los estados. Los países se consideran como entidades adaptables con semejantes problemas que se manifiestan cuando tratan de enfrentarse con su entorno[2]. Las interacciones, por lo general, son más frecuentes entre países que son similares en su cultura, política y economía. Por otra parte, ocurren también interacciones intensas entre países muy dispares. Esto se ha visto en los casos de los EE.UU. y la Unión Soviética, Israel y los países árabes, la India y Paquistán. Ocurre un tipo de linkage emulativo y conflictivo. Si uno desarrolla armas de cierto tipo, el otro hace igual. Si uno emplea redes de espionaje, también las emplea el otro, etc.

Las interdependencias afectan la política exterior. Las inversiones[3] extranjeras, la ayuda económica y militar son aspectos de linkage penetrativo que pueden limitar las opciones en la política exterior tanto de los estados donantes[4] como de los dependientes.

---

[2]*environment*   [3]*investments*   [4]*donor*

Estructura del sistema internacional: unipolar, bipolar y multipolar En un sistema unipolar, hay una sola potencia que domina. En un sistema internacional bipolar, las naciones se alinean en dos bloques. El sistema después de la Segunda Guerra Mundial era bipolar, con el alineamiento de los países con la Unión Soviética o con los Estados Unidos. Un sistema multipolar presenta múltiples centros de poder y unos alineamientos muy flexibles.

Atributos nacionales

Varios atributos o características nacionales afectan el comportamiento de los estados en su política exterior. Las características demográficas, económicas, militares y gubernamentales influyen en la conducta de las naciones.

Características demográficas Un país con gran extensión territorial y escasa población actúa de manera muy diferente de un país pequeño en territorio con gran población, el Japón y el Canadá, por ejemplo. Las divisiones étnicas también afectan la política. Los enemigos pueden fomentar el conflicto entre grupos nacionales.

Características económicas Las características económicas se relacionan con las demográficas. Un país con una fuerza laboral eficiente, tecnológicamente avanzada, que goza de un alto nivel de vida, será estable, independiente y difícil de penetrar por otra potencia. Por otro lado, una nación superpoblada, tecnológicamente atrasada[5], sufrirá de pobreza crónica y hambre. Buscará la ayuda económica y la protección militar. Las características económicas de un Estado que más influyen en su política exterior son su sistema económico (capitalista, socialista, comunista), el tamaño y el crecimiento de la economía nacional, medidos por el producto nacional bruto (PNB) y su riqueza total.

Características militares Los países con grandes recursos militares pueden ser más intervencionistas y activistas que aquéllos que carecen de[6] poder militar. Pero el tamaño de un ejército o el número de tanques o aviones que posee una nación no siempre refleja el verdadero poder militar. La motivación, la tecnología y el estado de preparación también son importantes. Los países sin fuerza militar recurren a la diplomacia para resolver los conflictos.

Características gubernamentales Existe controversia sobre cuánto influye en su política exterior el tipo de gobierno, totalitario o democrático, de un Estado. Algunos estudiosos mantienen que el tipo de gobierno influye mucho en tres aspectos: la flexibilidad política, la eficiencia y discreción y la propensión hacia la guerra. Según ellos, la toma de decisiones es más rápida en las sociedades cerradas[7]; las dictaduras, por consiguiente, permiten más flexibilidad y eficiencia. También dicen que la preocupación por la opinión pública y las presiones políticas y burocráticas, típicas de las democracias, impiden la eficiencia en la conducta de la política exterior. Otro factor importante es la estabilidad o falta de estabilidad política dentro del Estado. Un Estado inestable, con graves conflictos domésticos, se verá con problemas para conducir su política exterior. No obstante, algunos estados inician conflictos internacionales precisamente para distraer a sus poblaciones de los problemas internos.

---

[5]*backward*   [6]*lack*   [7]*closed*

Factores idiosincráticos

La idiosincrasia se define como la «índole[8] del temperamento y carácter de cada individuo». Algunos especialistas enfocan en la capacidad que tienen algunas grandes figuras para determinar el flujo de los eventos transcendentales. Citan el papel de Adolfo Hitler como provocador de la Segunda Guerra Mundial, el de Lenin como arquitecto del comunismo soviético, el de Nixon como el que restableció las relaciones entre los EE.UU. y China y el de Anwar al Sadat como el promotor de la paz entre Egipto e Israel.

---

[8]*nature*

ESTUDIO DE PALABRAS

Ejercicio 1 Study the following cognates that appear in this chapter.

el alineamiento	la secuencia	contiguo
el escenario	la reacción	recurrente
la promoción	la teoría	burocrático
el interés	la dictadura	nuclear
la integridad	la opción	intercontinental
la autonomía	la estabilidad	defendible
la conducta	la idiosincrasia	penetrativo
la práctica	la época	reactivo
la operación	el arma	emulativo
la incompatibilidad	el misil	imitatorio
la prioridad	la esfera	adaptivo
el esquema	el representante	similar
el factor	el evento	intenso
la diplomacia	la participación	estable
la controversia	el espionaje	crónico
la discreción	el bloque	
la flexibilidad	la extensión	limitarse
el atributo	la división	interpretar
la geografía	el tanque	considerar
la situación	el provocador	clasificar
el frente		afectar
el acceso	aislacionista	resolver
el conflicto	regional	influir
el resultado	global	invadir
el canal	nacional	eliminar
el establecimiento	interno	conceder
la neutralidad	militar	mantener
la alianza	sistemático	defender
el rival	hostil	optar
el linaje	navegable	producir

proponer	ocurrir	alinearse
impedir	imitar	penetrar
iniciar	dominar	reflejar

Ejercicio 2   Complete each expression with the appropriate word(s).
1. policy of nonalignment   la política de no _____
2. global scenario   el _____ global
3. national interests   los intereses _____
4. national territory   el _____ nacional
5. internal affairs   los asuntos _____
6. foreign policy conduct   la _____ de la política exterior
7. sistemic factors   los _____ sistémicos
8. access to the sea   el _____ al mar
9. recurring sequence of behavior   la secuencia _____ de comportamiento
10. nuclear arms   las _____ nucleares
11. intercontinental missiles   los misiles _____
12. political sphere   la _____ política
13. direct participation   la _____ directa
14. espionage network   una red de _____
15. ethnic division   la _____ étnica
16. chronic poverty   la pobreza _____
17. military protection   la _____ militar
18. military resources   los recursos _____
19. military power (might)   el poder _____
20. gross national product   el _____ nacional bruto
21. public opinion   la opinión _____
22. political pressure   la presión _____
23. internal problem   el _____ interno

Ejercicio 3   Match the verbs in Column A with related nouns in Column B.

A	B
1. influir	a. la defensa
2. invadir	b. el restablecimiento
3. eliminar	c. la ocurrencia
4. resultar	d. la conducta
5. defender	e. el impedimento
6. extender	f. la influencia
7. dividir	g. la propuesta
8. proponer	h. el sufrimiento
9. resolver	i. la eliminación
10. restablecer	j. el límite
11. impedir	k. la extensión

12. dominar	l. la resolución
13. alinear	m. la invasión
14. ocurrir	n. la interpretación
15. limitar	o. la división
16. promover	p. el resultado
17. conducir	q. el alineamiento
18. interpretar	r. el efecto
19. sufrir	s. el dominio
20. afectar	t. la promoción

Ejercicio 4   Select the word that does not belong.
1. Los rivales son _____.
   a. hostiles   b. enemigos   c. aliados
2. Cada Estado tiene que defender _____ de su territorio nacional.
   a. la integridad   b. la conducta   c. las fronteras
3. La pobreza y el hambre son ejemplos de _____.
   a. prioridades   b. factores negativos en la sociedad   c. sufrimiento
4. La autonomía de un Estado es su _____.
   a. soberanía   b. independencia   c. neutralidad
5. Los _____ son vías navegables.
   a. canales   b. ferrocarriles   c. mares
6. Un fin de la política exterior es el de _____ la paz.
   a. mantener   b. promover   c. eliminar
7. La guerra es una serie de _____.
   a. alianzas   b. luchas   c. conflictos
8. Hay muchos que quieren prohibir _____.
   a. la producción de armas nucleares   b. el uso de fuerza militar
   c. el establecimiento de relaciones diplomáticas

Ejercicio 5   Give the word or expression being defined.
1. que se puede defender
2. que recurre
3. lo que resulta
4. que penetra
5. el que representa algo o a alguien
6. el que provoca algo
7. de la región
8. que se puede navegar
9. el encanto, la atracción, la simpatía por algo
10. la manera en que se conduce alguien

Ejercicio 6   Match the word or expression in Column A with its definition in Column B.

A	B
1. hostil	a. la consecuencia, el efecto, el fin
2. el resultado	b. la disputa, el conflicto

3. eliminar
4. contiguo
5. el rival
6. el atributo
7. optar
8. la controversia
9. la práctica
10. el esquema

c. la representación gráfica
d. contrario, beligerante
e. poner fuera, hacer desaparecer, apartar
f. el ejercicio, el método
g. que toca a otra cosa
h. la cualidad
i. el competidor, el adversario
j. escoger, seleccionar

Ejercicio 7 Select the term being defined.

el intervencionismo   la idiosincrasia
la diplomacia   la neutralidad
la alianza   el aislacionismo
el espionaje   la esfera

1. la manera de ser de una persona, el temperamento propio
2. el arte de conducir las relaciones oficiales entre naciones
3. la tendencia política a mantener el país apartado de ciertos conflictos, alianzas, etc.
4. la actitud política imparcial
5. la reunión de cosas o personas con el mismo fin
6. el área o campo donde actúa
7. la observación clandestina al servicio de un país de lo que pasa en otro país
8. la política de un Estado de meterse en los asuntos internos de otro

Ejercicio 8 Match the English word or expression in Column A with its Spanish equivalent in Column B.

A	B
1. pattern	a. la población
2. survival	b. poderoso
3. population	c. la pérdida
4. welfare	d. el frente
5. loss	e. el nivel de vida
6. front	f. el patrón
7. peace treaty	g. el crecimiento
8. powerful	h. el tamaño
9. work force	i. la supervivencia
10. standard of living	j. el tratado de paz
11. size	k. el bienestar
12. growth	l. la fuerza laboral
13. overpopulated	m. superpoblado

Ejercicio 9 Complete each statement with the appropriate word(s).

1. Los ciclos económicos tienden a seguir _____.
2. Se puede medir el _____ económico con los cambios en el producto nacional bruto.

3. La _____ de una nación incluye todos los trabajadores, o sea, toda la población activa.
4. La _____ es el número de habitantes que tiene una nación.
5. El gobierno siempre tiene que pensar en el _____ de la población, de sus ciudadanos.
6. El _____ en los países industrializados es más alto que el _____ en los países en vías de desarrollo.
7. Muchos países de Latinoamérica son _____, es decir, tienen demasiados habitantes.
8. El _____ de los países de Latinoamérica varía. Por ejemplo, la Argentina es un país muy grande y Costa Rica es un país muy pequeño.
9. El _____ dio fin a la guerra.
10. Durante la Guerra Mundial había muchos _____. En una guerra de guerrillas, no hay ningún _____.
11. Las naciones de superpotencia son países _____.
12. El verbo es «sobrevivir» y el sustantivo o nombre es la «_____».

Ejercicio 10 Give the opposite of each of the following.
1. el sufrimiento
2. la declinación, la reducción
3. débil
4. los retirados, los jubilados
5. la victoria, la ganancia

Ejercicio 11 Match the English word or expression in Column A with its Spanish equivalent in Column B.

A	**B**
1. to behave, act	a. salvar
2. antagonistic	b. socavar
3. to save	c. fomentar
4. to confront	d. comportarse
5. to undermine	e. escaso
6. to develop	f. antagónico
7. scarce	g. enfrentarse con
8. to foster, promote	h. desarrollar

Ejercicio 12 Match the verbs in Column A with related nouns in Column B.

A	**B**
1. comportarse	a. el desarrollo
2. salvar	b. el fomento
3. desarrollar	c. el comportamiento
4. fomentar	d. el salvamento, la salvación

Ejercicio 13   Complete each statement with the appropriate word(s).

1. El Japón es un país pequeño que tiene que importar la mayoría de los materiales que se emplean en la manufactura porque sus recursos naturales son _____.
2. Los dos rivales tienen opiniones _____.
3. La meta (El objetivo) de muchas organizaciones es la de _____ la paz.
4. Cualquier gobierno tiene que _____ un plan para garantizar la seguridad y el bienestar de la población.
5. Los partidarios de la oposición trataron de _____ la coalición pero sin éxito.
6. Cada Estado debe _____ con diplomacia.

COMPRENSION

Ejercicio 1   True or false?

1. Los intereses nacionales son iguales en casi todas las naciones y se interpretan de una forma similar en todas partes del mundo.
2. La situación geográfica de una nación puede ser la causa de la guerra.
3. Los EE.UU. siempre ha tenido fronteras con estados hostiles.
4. El acceso al mar, o la falta de acceso al mar, ha sido causa de algunas guerras.
5. La política de neutralidad siempre ha tenido éxito.
6. Según el concepto de «linkage», la política interna y la política internacional se interrelacionan.
7. Las grandes potencias nunca tratan de socavar la soberanía de los países menos poderosos.
8. El intervencionismo es un ejemplo de linkage penetrativo.
9. Las interacciones son más frecuentes entre países cuyas culturas son muy diferentes.
10. La ayuda militar es un aspecto del linkage reactivo.
11. La toma de decisiones es más rápida en los países democráticos que en las sociedades cerradas.
12. La opinión pública y las presiones políticas tienen más importancia en los sistemas autocráticos.

Ejercicio 2   Answer.

1. ¿Cuál es el interés nacional de importancia primordial?
2. ¿Cuáles son otros intereses nacionales?
3. ¿Cuáles son algunos países que han tenido o que tienen vecinos hostiles?
4. ¿Qué opciones tienen los estados pequeños que se encuentran físicamente entre potencias enemigas?

5. Según James Rosenau, ¿qué es el linkage?
6. ¿Cuándo ocurre el linkage reactivo?
7. ¿De qué tipo de linkage eran ejemplo los levantamientos anticoloniales?
8. ¿Por qué es diferente el comportamiento de un país como el Canadá del comportamiento de un país como el Japón?
9. ¿Cómo será un país con una fuerza laboral eficiente que goza de un alto nivel de vida?
10. ¿Cómo será un país superpoblado y tecnológicamente atrasado?
11. ¿Cuáles son algunas cosas que reflejan el verdadero poder militar de un Estado?
12. ¿Cómo tratan de resolver sus conflictos las naciones sin fuerza militar?
13. A veces, ¿por qué iniciará un Estado un conflicto internacional?
14. ¿Cómo se define la idiosincrasia?

Ejercicio 3   Complete each statement with the appropriate word(s).
1. Tres factores sistémicos en la conducta de la política exterior son
_____, _____ y _____.
2. Según Rosenau hay tres clases de linkage: _____, _____ y _____.
3. Varios atributos nacionales que afectan el comportamiento de los estados en su política exterior son las características _____, _____, _____ y _____.
4. Muchos estudiosos de la política exterior mantienen que el tipo de gobierno vigente en un país influye en su política exterior en tres aspectos: _____, _____ y _____.

Ejercicio 4   Follow the directions.
Explique la diferencia entre los sistemas unipolares, bipolares y multipolares.

Capítulo 19
DIPLOMACIA

En 1604 el diplomático británico, embajador del rey de Inglaterra Jaime I, escribió «Un diplomático es un hombre honrado enviado al extranjero para mentir[1] por su patria».

La diplomacia se define de dos maneras: en el sentido de política, es decir, la política y los programas de acción que tiene una nación para con otra y en el sentido de la práctica, la implementación de política y programas. Los diplomáticos son los oficiales encargados por su gobierno de llevar a cabo la política exterior. Su responsabilidad es mayormente en la implementación de política y no en la formulación de la política, aunque también tienen un papel importante en ésta.

Orígenes

Los primeros «diplomáticos» eran heraldos que se enviaban al exterior para anunciar las intenciones de un monarca. Su función era meramente la de portavoz[2]. Muy temprano la función del diplomático llegó a incluir la persuasión y después también la observación. A qué punto llega la observación a ser espionaje es un problema que sigue siendo una preocupación constante.

Los primeros diplomáticos trabajaban a tiempo parcial[3], es decir, su monarca les enviaba al exterior con determinada misión. Al cumplir esa misión, regresaban. Fueron las ciudades-estados italianas como Venecia y Florencia que iniciaron la práctica de embajadas permanentes y negociaciones continuas. Los franceses siguieron el modelo italiano y luego también varios otros países europeos. Los acuerdos del Congreso de Viena en 1815 y más tarde los de Aix-la-Chapelle codificaron los patrones de la diplomacia moderna. Todo el detallado sistema de protocolo, de rango y títulos viene de esa época.

Hasta la segunda mitad de este siglo las naciones seguían un patrón establecido en su diplomacia. Cada país mantenía una misión permanente en la capital extranjera. El que dirigía la misión era un embajador, ministro o cónsul. Las misiones funcionaban como sucursales del Ministerio de Asuntos Exteriores o, en el caso de los EE.UU., del Departamento de Estado. Los oficiales de la misión mantenían un contacto constante con los oficiales del gobierno local.

---

[1]*to lie*   [2]*spokesperson*   [3]*part-time*

Después de la Segunda Guerra Mundial

Un sistema que apenas había cambiado desde el Congreso de Viena cambió radicalmente después de la victoria de los Aliados en 1945. Hasta entonces el trato entre las naciones era provincia de los diplomáticos, casi exclusivamente. Los legados, consulados y embajadas eran el escenario de las transacciones entre los estados, y los actores eran los diplomáticos con la presencia, de cuando en cuando, de algún agregado militar o comercial. Los gobiernos dejaban la conducta de sus asuntos exteriore; en manos de los Ministerios de Asuntos Exteriores. Los otros ministerios, las entidades comerciales, las fuerzas armadas, apenas interferían en la conducta de la diplomacia.

Actualmente en cada embajada y misión se encuentran representantes de una variedad de agencias gubernamentales, no sólo diplomáticos. Las grandes potencias tienen programas de ayuda exterior: Gran Bretaña tiene su Agencia de Desarrollo de Ultramar (*Overseas Development Agency—ODA*); EE.UU. tiene la Agencia para el Desarrollo Internacional (*Agency for International Development—AID*). Hay personal de los ministerios de agricultura, de comercio, de energía atómica, etc.

Los países como EE.UU, Gran Bretaña y Francia tienen mucho interés en mantener buenas relaciones con los diferentes pueblos; quieren tener influencia en cómo piensan, en sus actitudes respecto al país. Quieren presentar una imagen positiva. Por eso establecen centros de propaganda o «información» donde proveen clases de inglés o francés, bibliotecas, cine, conferencias. El Servicio de Informaciones de los EE.UU. (*United States Information Service— USIS* en el exterior, *United States Information Agency—USIA* en los EE.UU.) desempeña ese cargo para Norteamérica, el British Council para Gran Bretaña y el Servicio Cultural para Francia.

Antes, en una embajada había quizás un solo agregado militar. Hoy es común que haya un agregado militar para cada ejército, el de mar, tierra y aire, con sus correspondientes ayudantes. En las embajadas que se encuentran en países antagónicos, las embajadas se llenan de agentes de espionaje, disfrazados[4] de diplomáticos. Durante muchos años los gobiernos de los EE.UU. y la U.R.S.S. echaban de su territorio a «diplomáticos» tachados[5] de *persona non grata*. La inmunidad diplomática les protegía del encarcelamiento[6], o peor.

Se ha calculado que en las embajadas de los EE.UU. solamente el 15% del personal pertenece al Departamento de Estado, es decir, sólo el 15% son miembros del cuerpo diplomático.

El buen diplomático

Se ha dicho que un buen diplomático tiene que tener ciertas cualidades personales. Entre las más importantes son: (1) la veracidad, la costumbre de siempre decir la verdad; (2) la precisión y la claridad en las comunicaciones orales y escritas[7]; (3) la calma y el sosiego[8]; (4) la modestia en el trato con otros; (5) la lealtad a su propio gobierno.

---

[4]*disguised*   [5]*labeled, pegged*   [6]*imprisonment*   [7]*written*   [8]*quietness, tranquility*

También hay una serie de reglas que los diplomáticos deben seguir durante las negociaciones. Se debe asegurar que la otra parte, de veras y de buena fe, quiere negociar; se debe mostrar empatía y comprensión hacia la posición del otro; se debe presentar propuestas claras y concretas que le permitan al otro considerarlas y responder; cuando no se puede resolver un problema complejo, se debe dividirlo en componentes y negociar cada uno por separado; nunca se debe ofender o humillar al otro.

ESTUDIO DE PALABRAS

Ejercicio 1   Study the following cognates that appear in this chapter.

la diplomacia	el consulado	permanente
el diplomático	la transacción	continuo
el programa	el actor	constante
la acción	la presencia	local
la responsabilidad	la conducta	militar
la implementación	el representante	comercial
la formulación	la agencia	gubernamental
el origen	el programa	exterior
la intención	la agricultura	atómico
la función	la energía	positivo
la persuasión	el imagen	oral
la observación	la propaganda	claro
el espionaje	el agente	concreto
la misión	la inteligencia	complejo
la negociación	la inmunidad	
el modelo	la cualidad	anunciar
el protocolo	la precisión	incluir
la capital	la claridad	iniciar
el ministro	la comunicación	codificar
el cónsul	la calma	mantener
el oficial	la modestia	ofender
el contacto	la empatía	humillar
el gobierno	la comprensión	
la victoria	la posición	
la provincia	el componente	

Ejercicio 2   Complete each expression with the appropriate word(s).

1. action plan   el programa de _____
2. implementation of policy   la _____ de política
3. permanent mission   la misión _____
4. foreign capital (city)   la _____ extranjera
5. constant contact   el contacto _____
6. local government   el gobierno _____

7. government agency   la _____ gubernamental
8. foreign aid program   el _____ de ayuda exterior
9. Ministry of Agriculture   el _____ de Agricultura
10. atomic energy   la _____ atómica
11. positive image   la imagen _____
12. intelligence agent   el (la) _____ de espionaje
13. diplomatic immunity   la inmunidad _____
14. oral communication   la _____ oral

Ejercicio 3 Complete each statement with the appropriate word(s).
1. El programa de _____ es lo que se va a hacer.
2. Van a recurrir a la _____ en lugar de la guerra para tratar de resolver el conflicto.
3. Durante una crisis es necesario que las dos partes estén en _____ constante para evitar una acción catastrófica.
4. Los diplomáticos gozan de la _____ diplomática, es decir, no están sujetos a las leyes y reglamentaciones del gobierno _____.
5. Madrid es _____ de España.
6. El embajador es un _____.

Ejercicio 4 Match the verbs in Column A with related nouns in Column B.
A	B
1. implementar	a. la humillación
2. formular	b. la ofensa
3. anunciar	c. la comprensión
4. incluir	d. la conducta
5. persuadir	e. el mantenimiento
6. mantener	f. la persuasión
7. conducir	g. la inclusión
8. comprender	h. el anuncio
9. ofender	i. la formulación
10. humillar	j. la implementación

Ejercicio 5 Match the word or expression in Column A with its definition in Column B.
A	B
1. la cualidad	a. preciso
2. la calma	b. comenzar
3. concreto	c. el atributo
4. complejo	d. la claridad
5. la responsabilidad	e. la tranquilidad, el sosiego
6. el origen	f. la obligación
7. iniciar	g. complicado, difícil
8. mantener	h. el plan
9. el programa	i. el comienzo
10. la precisión	j. guardar

Ejercicio 6   Select the word being defined.

la misión	el cónsul
el protocolo	el consulado
el ministro	la propaganda

1. un encargo o una comisión que uno recibe de otro para decir o hacer cierta cosa; frecuentemente un encargo conferido por un gobierno a un agente diplomático
2. las actas relativas a un acuerdo diplomático; conjunto de reglas para la celebración de ceremonias diplomáticas
3. lo que se hace para esparcir una idea u opinión
4. el nombre genérico aplicable a los embajadores, agregados, consules, etc.
5. el agente diplomático que representa y cuida los intereses de los súbditos de un país en un país extranjero

Ejercicio 7   Match the English word or expression in Column A with its Spanish equivalent in Column B.

A	B
1. to carry out	a. la embajada
2. to fulfill	b. el legado
3. worry, concern	c. el agregado
4. embassy	d. el título
5. title	e. el ayudante
6. branch	f. llevar a cabo
7. treatment	g. cumplir con
8. delegate	h. el Ministerio de Asuntos Exteriores
9. attaché	i. de buena fe
10. assistant	j. la preocupación
11. diplomatic corps	k. el trato
12. party	l. la parte
13. in good faith	m. la propuesta
14. loyalty	n. la sucursal
15. proposal	o. la lealtad
16. Ministry of Foreign Affairs	p. el cuerpo diplomático

Ejercicio 8   Complete each statement with the appropriate word(s).

1. Ella quiere _____ su misión y _____ con su deber.
2. Hay muchas _____ en la Avenida Massachusetts en Washington, la capital de los EE.UU.
3. En muchos países el Ministerio de _____ tiene las mismas responsabilidades que el Departamento de Estado de los EE.UU.
4. A veces es necesario recurrir a una tercera _____ para resolver un conflicto.
5. En las embajadas hay por lo menos un _____ militar y un _____ comercial y un _____ cultural.

6. Los diplomáticos tienen que tener _____ al gobierno de su propio país y al mismo tiempo negociar _____ con los representantes del otro país.
7. Hay que presentar una _____ clara y precisamente.
8. El _____ incluye los embajadores, los agregados, los ayudantes, etc.
9. Una gran _____ de los diplomáticos que sirven en un país antagónico es la de mantener la paz.
10. El jefe de la misión o embajada tiene el _____ de embajador.

Ejercicio 9   Match the word or expression in Column A with its definition in Column B.

A	B
1. el legado	a. el nombre de cierto funcionario diplomático
2. el agregado	
3. los asuntos exteriores	b. la manera de tratar a la gente
4. el embajador	c. el jefe de la embajada
5. la sucursal	d. el establecimiento u oficina que depende de otro más importante
6. el trato	e. las relaciones, acuerdos y conflictos con estados extranjeros
	f. un oficial de clase inferior

COMPRENSION

Ejercicio 1   Select the appropriate word(s) to complete each statement.
1. El diplomático se encarga mayormente de la (implementación / formulación) de la política.
2. Una preocupación constante entre las naciones es determinar a qué punto llega la observación a ser (persuasión / espionaje).
3. El Departamento de Estado en los EE.UU. es lo que se llama el Ministerio de Asuntos (Exteriores / Internos) en muchos países.
4. En las embajadas de los EE.UU. la (mayoría / minoría) del personal son miembros del cuerpo diplomático.

Ejercicio 2   Answer.
1. ¿Cómo se define «la diplomacia»?
2. ¿Quiénes son los diplomáticos?
3. ¿Quiénes empezaron la práctica de embajadas permanentes y negociaciones continuas?
4. ¿Qué acuerdos codificaron los patrones de la diplomacia moderna?
5. Hoy día, ¿quiénes se encuentran en cada embajada?
6. Hasta el fin de la Segunda Guerra Mundial, ¿en manos de quiénes estaba el trato entre las naciones?

7. Actualmente, ¿cuántos agregados militares hay por lo general en una embajada?
8. ¿Qué hay en las embajadas que se encuentran en países antagónicos?

Ejercicio 3   Define the following.
1. *AID*
2. *USIS*
3. la inmunidad diplomática

Ejercicio 4   Follow the directions.
1. Prepare una lista de las cualidades que debe poseer un buen diplomático.
2. Prepare una lista de las reglas que deben seguir los diplomáticos durante las negociaciones.

Capítulo 20
ALGUNA TERMINOLOGIA DIPLOMATICA

«Habla a Dios en castellano,
a los hombres en francés,
a tu lebrel[1] en germano,
y a tu caballo[2] en inglés.»

Así dice un viejo refrán[3] español. En Europa durante siglos, la lengua de la diplomacia era el francés. Por consiguiente, hasta hoy, mucha terminología en el lenguaje diplomático está en lengua francesa. He aquí algunos términos.

Accord Es un acuerdo internacional. Originalmente, los acuerdos trataban asuntos de menos importancia que aquéllos que se trataban en los tratados. En el uso contemporáneo, los acuerdos y los tratados son iguales.

Agrément Cuando un Estado va a nombrar a un jefe de misión a otra nación, primero determina si el Estado adonde se le destina lo considera aceptable como representante. La aceptación por parte del Estado que recibe al diplomático se llama *agrément*.

Alternat Cuando dos o más estados firman un acuerdo o tratado, la copia que se le entrega a cada Estado lleva la firma del representante de ese Estado primero y las otras firmas después. Esta práctica se estableció para evitar ofender las sensibilidades de los diplomáticos sobre precedencia.

Aide mémoire Este documento es una recapitulación de los detalles sobresalientes[4] de una conversación oficial. Este documento se entrega a la otra parte en la conversación. Se entrega inmediatamente después de la conversación o más tarde. El término significa «ayuda a la memoria».

Attaché En español se emplea más el término castellano «agregado». En las embajadas hay agregados militares y agregados civiles. Los agregados civiles tienden a ser especialistas en determinado campo: agregado cultural, agregado comercial, etc. Los agregados militares típicamente son de los ejércitos de aire, mar y tierra.

Communiqué Es un comunicado, o sea, una breve declaración que se emite a raíz de[5] una reunión bilateral o multilateral. Por lo general, estos comunicados se elaboran en base de frases diplomáticas hechas, por ejemplo, «ha habido unas discusiones plenas[6] y francas».

---

[1]*greyhound* [2]*horse* [3]*saying* [4]*important, outstanding* [5]*immediately after* [6]*full*

Chargé d'affaires Originalmente el *chargé d'affaires* era el jefe de misión con rango inferior al de un embajador o ministro. Hoy se emplea para denominar al encargado de una misión cuando el embajador o jefe de misión está ausente.

Concordat Es, sencillamente, cualquier tratado en el que toma parte el Papa de la iglesia católica.

Démarche Es una representación, por parte de un diplomático, al gobierno del país para informarles de un asunto y pedir alguna acción o decisión del gobierno en cuanto al asunto.

Détente Es una disminución de tensiones entre estados.

Entente Es un reconocimiento entre naciones, declarado por escrito u oralmente, de una comunalidad de metas y un deseo de colaboración.

Procès-verbal Hoy es el medio que se emplea para dar noticia oficial de la ratificación de tratados. Anteriormente, se refería a las memorias de congresos internacionales que se formalizaban con las firmas de los participantes.

Rapporteur Es el oficial de un comité que está encargado de preparar un informe que resume las discusiones y resultados.

Rapprochement Es una mejora en las relaciones entre estados.

Tour d'horizon Es una conversación diplomática que abarca una variedad de asuntos de interés e importancia para los estados participantes.

Algunos términos diplomáticos vienen del latín.

Ad referendum Se refiere a un acuerdo que, aunque fruto de las negociaciones entre representantes de los estados, está sujeto a la ratificación subsiguiente por los gobiernos.

Casus belli Es una acción por parte de un Estado que otro Estado considera tan perjudicial que lo tacha[7] de bastante grave para llevar a la guerra.

Exequator Es un documento que el gobierno de un Estado le entrega al cónsul de otro Estado, en el cual se le autoriza llevar a cabo su cargo.

Ex gratia Se refiere a algo que se hace como gesto de buena voluntad y no como una obligación legal.

Modus vivendi Es un acuerdo temporero, interino, que vale hasta que se negocie un acuerdo definitivo. Siempre es por escrito.

Pacta sunt servanda Es un principio fundamental del derecho internacional que estipula que los tratados tienen que ser respetados.

Persona non grata Si un Estado le declara a un diplomático *persona non grata,* el diplomático se ve obligado a abandonar el país. El gobierno que lo hace no tiene que dar ningún tipo de explicación.

Pro memoria Es un memorando que cubre los puntos bajo discusión. Es un documento menos formal que una «Nota diplomática».

Rebus sic stantibus Es la base legal para dar fin a un tratado o acuerdo basado en el hecho de que las condiciones actuales son tan diferentes de las que existían cuando se firmó el acuerdo que sería imposible cumplir con sus términos.

---

[7]*accuses*

Ultimatum Es una declaración final que emite un Estado sobre un asunto. En ocasiones, el *ultimatum* ha sido seguido por la declaración de guerra.

He aquí otra terminología común en el campo de la diplomacia y de las relaciones internacionales.

Análisis comparativo de política exterior Es un compendio de investigaciones que trata de examinar sistemáticamente los patrones de conducta de los estados y los factores determinantes de esos patrones.

Autarquía Es la autosuficiencia económica.

Ayuda exterior Es la transferencia de recursos entre gobiernos bajo términos generosos en forma de concesiones, préstamos[8], créditos o asistencia técnica o militar.

Balanza de pagos Es el estado[9] comparativo de los cobros y pagos exteriores de una economía nacional.

Credibilidad Es el punto hasta el que un Estado cree en las promesas o amenazas de otro Estado.

Dependencia/Teoría de la dependencia Es una teoría que considera que la economía internacional consiste de dos bloques de estados: los dominantes del norte y los dependientes del sur, lo cual resulta en la pobreza endémica en el sur y la riqueza del norte.

Estado Es una entidad político-legal con un gobierno soberano que ejerce la autoridad suprema sobre una población relativamente fija dentro de unas fronteras definidas.

Globalismo/Teoría globalista Es una escuela de relaciones internacionales que mantiene que la lucha por el poder y la seguridad entre gobiernos nacionales es sólo un aspecto de la política mundial y que es necesario considerar también los actores no gubernamentales y una variedad de otros asuntos en un mundo interdependiente.

Hegemonía Es la supremacía que un Estado ejerce sobre otro u otros.

Ideología Es un conjunto de creencias[10], más o menos inflexible, sobre la naturaleza de las relaciones políticas, económicas y sociales.

Interdependencia Es toda la gama de vínculos y relaciones entre estados y sociedades nacionales que se ven, en mayor o menor grado, afectados por la política de uno y otro.

Multilateral Es un comportamiento político que involucra a varios estados.

Política alta/Alta política Son los asuntos que se relacionan con los intereses más importantes de los estados, tales como la seguridad nacional.

Política baja/Baja política Son los asuntos técnicos y limitados que no son, normalmente, controversiales.

Realismo/Teoría realista Es una teoría que considera las relaciones internacionales como una lucha por el poder entre los estados con el objetivo principal de asegurar la seguridad en un ambiente anárquico y hostil.

Tercer Mundo Son los países en vías de desarrollo localizados mayormente en el hemisferio sur.

---

[8]*loans,* [9]*statement* [10]*beliefs*

ESTUDIO DE PALABRAS _____

Ejercicio 1   Study the following cognates that appear in this chapter.

la terminología	el memorando	multilateral
el uso	la discusión	participante
el representante	la base	sujeto
la aceptación	la condición	legal
la copia	el compendio	temporero
la práctica	la investigación	interino
la sensibilidad	la conducta	definitivo
la precedencia	el factor	fundamental
el documento	la autosuficiencia	diferente
la recapitulación	la transferencia	sistemáticamente
el detalle	la concesión	determinante
la conversación	el crédito	técnico
el especialista	la asistencia	dominante
la declaración	la balanza	endémico
la disminución	la credibilidad	soberano
la comunalidad	la autoridad	supremo
la colaboración	el aspecto	controversial
la ratificación	la hegemonía	anárquico
el comité	la ideología	hostil
la discusión	la interdependencia	
el resultado	la gama	nombrar
la variedad	la seguridad	ofender
el interés		emitir
la importancia	diplomático	formalizar
el fruto	internacional	autorizar
la acción	contemporáneo	estipular
el gesto	aceptable	declarar
la obligación	oficial	abandonar
el tipo	civil	existir
la explicación	bilateral	examinar

Ejercicio 2   Complete each expression with the appropriate word(s).

1. language of diplomacy   el lenguaje de la _____
2. diplomatic terminology   la _____ diplomática
3. international agreement   el acuerdo _____
4. military attaché   el agregado _____
5. subsequent ratification   la _____ subsiguiente
6. legal obligation   la obligación _____
7. temporary accord (agreement)   el acuerdo _____
8. interim agreement   el _____ interino
9. fundamental principle   el principio _____

10. legal basis   la base _____
11. final declaration   la _____ final
12. declaration of war   la _____ de guerra
13. patterns of conduct   los patrones de _____
14. economic self-sufficiency   la autosuficiencia _____
15. endemic poverty   la pobreza _____
16. sovereign government   el gobierno _____
17. national security   la seguridad _____
18. technical matter   el asunto _____

Ejercicio 3   Select the word being defined.

la colaboración   la base   la asistencia
contemporáneo   la credibilidad   la práctica
autorizar   el fruto   el comité
la autosuficiencia   la terminología   controversial
el compendio   soberano   la ratificación
la precedencia

1. el conjunto de términos empleados en cierto campo
2. de hoy, de la actualidad
3. el método que se usa para hacer una cosa
4. la anterioridad, prioridad, preeminencia, superioridad
5. la acción de trabajar juntos para llevar a cabo (realizar) un fin
6. la confirmación y aprobación
7. la reunión de miembros para examinar ciertos asuntos
8. el resultado
9. dar a uno autoridad para hacer una cosa
10. el fundamento
11. una exposición breve
12. la capacidad de mantenerse por sí mismo
13. la calidad de lo que se puede creer
14. que ejerce la autoridad suprema
15. que puede causar una disputa o discusión
16. la ayuda

Ejercicio 4   Give the word or expression being defined.
1. de la diplomacia
2. que se puede aceptar
3. de los dos lados
4. lo que resulta de una acción
5. el que participa
6. de la técnica

Ejercicio 5   Match the English word or expression in Column A with its Spanish equivalent in Column B.

	A		**B**
1.	treaty	a.	firmar
2.	accord	b.	la firma
3.	mission chief	c.	el jefe de misión
4.	to sign	d.	perjudicial
5.	signature	e.	dar fin
6.	communication, communiqué	f.	el tratado
7.	meeting	g.	el acuerdo
8.	petition	h.	la petición
9.	recognition	i.	el término
10.	report	j.	el reconocimiento
11.	to summarize	k.	en vías de desarrollo
12.	harmful, damaging	l.	el comunicado
13.	to deliver, hand over	m.	el derecho
14.	law	n.	la reunión
15.	to terminate	o.	resumir
16.	term	p.	involucrar
17.	to involve	q.	el informe
18.	developing	r.	entregar

Ejercicio 6   Match the verbs in Column A with related nouns in Column B.

	A		**B**
1.	desarrollar	a.	el reconocimiento
2.	informar	b.	la reunión
3.	entregar	c.	el acuerdo
4.	resumir	d.	el desarrollo
5.	reconocer	e.	el resumen
6.	reunir	f.	el informe
7.	firmar	g.	la entrega
8.	acordar	h.	la firma

Ejercicio 7   Complete each statement with the appropriate word(s).
1. Esta decisión puede ser _____, es decir, puede tener consecuencias malas.
2. Los _____ de Yalta y Potsdam se firmaron durante la Segunda Guerra Mundial.
3. Antes de que sea válido es necesario _____ el acuerdo.
4. Las _____ de todas las partes involucradas en las negociaciones tienen que aparecer en el documento final.
5. Ella va a preparar un _____ sobre los resultados de los varios programas de ayuda exterior.

6. El quiere _____ la carta personalmente al embajador.
7. Hay que _____ todos los detalles cuando se prepara el _____.
8. El comité va a tener una _____ mañana.
9. A los países del Tercer Mundo se les llaman también «países _____» para diferenciarlos de los países industrializados.
10. Hay muchos _____ franceses y latinos que se emplean en el lenguaje diplomático.
11. El _____ criminal trata de los criminales y el _____ internacional trata de las reglamentaciones y leyes que gobiernan las relaciones internacionales.

COMPRENSION

Ejercicio 1   Answer.
1. En Europa, ¿cuál era la lengua de la diplomacia?
2. ¿De qué trataban los acuerdos y los tratados?
3. ¿Cómo ha cambiado el uso de estos dos términos?
4. ¿Qué hay que determinar antes de nombrar a un jefe de misión a otra nación?
5. Cuando dos o más estados firman un acuerdo o tratado, ¿cuál de las firmas aparece primero?
6. ¿Qué tipos de agregados tienen las embajadas hoy día?
7. Hoy día, ¿qué es el *chargé d'affaires?*
8. El gobierno que declara a un diplomático *persona non grata,* ¿tiene que dar una explicación por sus acciones o no?
9. ¿Qué es la autarquía?
10. ¿Qué significa la autosuficiencia económica?
11. ¿En qué se basa la teoría de la dependencia?
12. ¿Qué significa «el Tercer Mundo»?

Ejercicio 2   Explain.
1. détente
2. entente
3. agrément
4. rapprochement

Ejercicio 3   Match the word or expression in Column A with its definition in Column B.

A	B
1. ad referendum	a. algo hecho como gesto de buena fe sin ser una obligación legal
2. casus belli	
3. ex gratia	b. un acuerdo temporero
4. modus vivendi	c. un acuerdo negociado pero no ratificado
5. persona non grata	

6. rebus sic stantibus
7. ultimatum

d. el diplomático que se ve obligado a abandonar el país
e. una acción seria y perjudicial que puede llevar a la guerra
f. una declaración final
g. la capacidad de invalidar un tratado debido a cambios ocurridos que no permiten cumplir con los términos del tratado

Ejercicio 4   Give the word or expression being described.
1. el estado comparativo de los cobros y pagos, o sea, de los ingresos y egresos exteriores
2. una entidad político-legal con un gobierno soberano
3. la transferencia de recursos entre gobiernos bajo términos generosos
4. la escuela de relaciones internacionales que considera importantes las entidades no gubernamentales en las relaciones entre gobiernos en un mundo interdependiente
5. un conjunto de creencias
6. que involucra a varios estados
7. la supremacía que ejerce un Estado sobre otro u otros

Ejercicio 5   Follow the directions.
Explique la diferencia entre la alta política y la baja política.

Capítulo 21
DERECHO INTERNACIONAL
Y LA PAZ

Orígenes

El derecho internacional, como disciplina, data de los siglos XVI y XVII y coincide con el inicio de la Edad Moderna europea y la aparición del Estado soberano. La existencia del Estado soberano resulta en una preocupación por la ordenación de las relaciones internacionales.

En España el concepto de derecho internacional se basaba en la escuela del derecho natural y de gentes. En el siglo XVIII los teólogos y juristas Francisco de Vitoria (1486-1546) y Francisco Suárez (1548-1617) se enfrentan intelectualmente con las transformaciones por las que pasa la sociedad europea y las preocupaciones generadas por la expansión europea en el Nuevo Mundo. A ellos se les debe la conceptualización de una sociedad internacional y de un derecho internacional. Pero ese concepto, básicamente teológico, se ve minado[1] por la secularización del pensamiento y por la noción de la soberanía que le daba al Estado un poder absoluto. Poco a poco el derecho internacional se hace más contractualista y refleja los efectos de la Paz de Westfalia. El derecho enfatiza la independencia y soberanía de los estados y se aparta de los conceptos del derecho natural y de gentes.

Para que haya derecho en una sociedad tiene que haber procesos para legislar o hacer leyes, para hacer que la ley se respete y para juzgar y fallar. Claro está que el derecho internacional no funciona de la misma manera que el derecho nacional o municipal, pero todavía cumple con los tres criterios.

Fuentes de derecho internacional

Las más importantes fuentes del derecho internacional son la costumbre y los tratados y convenios. Otras fuentes son los fallos de tribunales nacionales e internacionales y los principios jurídicos básicos que son reconocidos por la mayoría de los países.

Costumbres La costumbre incluye aquellas prácticas aceptadas tradicionalmente por los estados en las relaciones internacionales. Ejemplos de estas costumbres son la inmunidad diplomática y los límites de aguas territoriales. Estas costumbres, antes de ser codificadas, llegaron a tener fuerza de ley a través del tiempo por el simple acatamiento por los diferentes estados. Junto con estas

---

[1]*undermined, destroyed*

«leyes» están las reglas de cortesía que no tienen fuerza de ley. El saludo que da un barco a la bandera de otro en alta mar es un ejemplo.

Tratados y convenios Los tratados y convenios existen por escrito y obligan solamente a los estados firmantes. Normalmente los tratados pasan por un proceso que incluye la firma por los representantes de los estados, indicando que están conformes con el tratado y después la ratificación del tratado por algún cuerpo legislativo. Los tratados pueden ser bilaterales o multilaterales. El principio de *pacta sunt servanda* afirma que los tratados tienen que ser respetados y cumplidos. El principio de *rebus sic stantibus* declara que un Estado puede declarar nulo un tratado si las condiciones actuales son radicalmente diferentes de las que existían cuando se firmó el pacto.

Cumplimiento con la ley A pesar de los casos obvios de incumplimiento, la verdad es que la mayoría de los estados casi siempre cumplen con los requisitos del derecho internacional. Lo hacen por su propio interés. Existen castigos en forma de sanciones y represalias, pero rara vez se imponen, el caso de Iraq en 1990 siendo una excepción. Los estados aceptan ciertos límites a su propia conducta porque reconocen que de otra forma el comercio internacional, el transporte y un sinnúmero de otras actividades serían muy difíciles o imposibles.

Juicios y fallos El Tribunal Internacional de Justicia, con sede en la Haya (Holanda), es parte de las Naciones Unidas. Fue creado en 1946. Más de 150 naciones firmaron el convenio estableciendo el Tribunal. Los miembros de la ONU eligen a los quince jueces que sirven por un período de nueve años. Los jueces vienen de todos los importantes sistemas jurídicos. Los EE.UU., por ejemplo, siempre está representado entre los jueces. Solamente los estados pueden comparecer ante el Tribunal, porque se les considera las únicas personas jurídicas internacionales. Los estados litigantes tienen que consentir en que el caso se oiga en el Tribunal. A veces un Estado no reconoce la jurisdicción del Tribunal y se niega a comparecer. Existen también tribunales o cortes regionales, tales como el Tribunal Europeo de Justicia.

Acuerdos de la Haya y Ginebra y las leyes de guerra En 1907 en la Haya, y en 1864, 1929 y 1949 en Ginebra, hubo congresos internacionales para establecer algunas «leyes» para la conducta de las guerras y para la protección de heridos[2], prisioneros y la población civil en tiempos de guerra. La primera reunión se celebró en 1864, por iniciativa de la Cruz Roja. Algunas de las «leyes» que resultaron de esas reuniones fueron la proscripción del uso de gases de combate y de balas explosivas.

Derechos humanos Una de las mayores preocupaciones del derecho internacional actual es la protección de los derechos humanos en todo el mundo. Se trata de obligar a los estados a acatar a unas normas mínimas de justicia en el trato tanto de los residentes extranjeros como de sus propios ciudadanos. Algunos estados ven este movimiento como una amenaza a su soberanía y como una interferencia en sus asuntos internos.

---

[2] *wounded*

En busca de la paz

Los gobiernos, con frecuencia, recurren a las armas cuando falla[3] la diplomacia. A veces la guerra se considera simplemente una forma de diplomacia. Pero lo más frecuente es que las guerras ocurran por una variedad de razones y, algunas veces sin que se comprendan bien las razones. Las guerras se categorizan de «internacionales», como las dos Guerras Mundiales, «civiles» y «de empleo de la fuerza sin guerra». El empleo de la fuerza sin guerra es un fenómeno contemporáneo. Consiste en el empleo de las armas de manera limitada, que no llega a la verdadera guerra. Israel ha empleado la fuerza sin guerra en el Líbano e Iraq. Los EE.UU. la empleó en Libia. Entre 1945 y 1975 se han citado unos 200 incidentes en que los EE.UU. y 190 incidentes en que la Unión Soviética emplearon la fuerza armada sin llegar a la guerra.

Tradicionalmente, se ha considerado la paz como la mera ausencia de la guerra. Los problemas del mundo contemporáneo en el plano demográfico, económico, cultural, ecológico y energético han hecho que se enfoque, no solamente en el problema de la guerra, sino en toda una nueva serie de problemas que amenazan a la humanidad, tanto como los misiles intercontinentales y las bombas termonucleares. Se piensa también en un «nuevo orden mundial». Algunos creen que el sistema actual de naciones-estados continuará siendo la norma internacional. Otros piensan en un gobierno mundial. El gobierno mundial podría ser de distintas formas o centralizado o como confederación, compartiendo la autoridad con gobiernos regionales. Se ha considerado un sistema de cinco o seis gobiernos regionales. Se cita la Comunidad Europea como precursora de este tipo de sistema. Al otro extremo está la idea de la descentralización. El mundo se organizaría en unidades más pequeñas correspondiendo a la multitud de grupos étnicos y lingüísticos.

Resolución de problemas internacionales Algunos especialistas mantienen que la resolución de conflictos internacionales depende de la comprensión y colaboración de los dirigentes de los estados y de las instituciones existentes y que, por consiguiente, habría que acudir a ellos para asegurar la paz. Otros insisten en que la solución no es acudir a los gobernantes, ya que ellos han sido, muchas veces, la causa de los conflictos, sino a la opinión pública. Ellos hacen hincapié[4] en la importancia de los movimientos por la paz, especialmente en la Europa occidental.

Otros mantienen que la mejor manera de cambiar los sistemas y de asegurar la paz es por medio de la educación. Enfatizan el papel de los académicos a nivel internacional, en el cambio de actitudes, mentalidades y valores. Con los medios de comunicación masiva, con la proliferación de organizaciones internacionales no gubernamentales, especialmente en las ciencias y la educación, el impacto posible de los académicos es enorme. Y son los académicos y científicos a quienes les tocará la responsabilidad de encontrar soluciones a los problemas propios de la época contemporánea: al efecto de invernadero[5], al agotamiento[6] de los recursos naturales, a la superpoblación, a la contaminación ambiental[7] y muchos más.

---

[3]*fails*   [4]*emphasize*   [5]*global warming, greenhouse effect*   [6]*exhaustion, depletion*
[7]*pollution of the environment, air pollution*

La paz ya no es, simplemente, la ausencia del conflicto armado. La comunidad de las naciones tiene que obrar en concierto para asegurar el contento y bienestar de la humanidad, que es la única forma de conseguir una paz verdadera y duradera[8].

---

[8]*lasting*

ESTUDIO DE PALABRAS

Ejercicio 1   Study the following cognates that appear in this chapter.

el inicio	la jurisdicción	absoluto
la aparición	la corte	diplomático
la existencia	el gas	conforme
el concepto	el combate	legislativo
el teólogo	la protección	nulo
el jurista	la norma	litigante
la transformación	el residente	explosivo
la sociedad	las armas	humano
la preocupación	el fenómeno	contemporáneo
la expansión	la ausencia	limitado
la conceptualización	la humanidad	intercontinental
la secularización	el misil	termonuclear
la noción	la bomba	precursor
el fundamento	la confederación	
el proceso	la descentralización	datar de
la inmunidad	el conflicto	coincidir
el límite	la comprensión	enfatizar
el saludo	la colaboración	legislar
la ratificación	la solución	respetar
el caso	el movimiento	afirmar
el requisito	la mentalidad	declarar
la sanción	la proliferación	imponer
la represalia	el impacto	elegir
el transporte	la comunidad	consentir
la justicia		recurrir

Ejercicio 2   Match the verbs in Column A with related nouns in Column B.

A	B
1. coincidir	a. el requisito
2. iniciar	b. el énfasis
3. aparecer	c. la afirmación
4. existir	d. la comprensión
5. enfatizar	e. el consentimiento
6. legislar	f. la coincidencia

7. respetar	g. el saludo
8. saludar	h. la iniciación, el inicio
9. afirmar	i. la residencia, el residente
10. requerir	j. la aparición, la apariencia
11. imponer	k. el respeto
12. elegir	l. el combate
13. consentir	m. la existencia
14. combatir	n. la elección
15. proteger	o. la legislación
16. residir	p. el movimiento
17. comprender	q. la imposición
18. mover	r. la protección

Ejercicio 3   Complete each expression with the appropriate word(s).

1. international law	el derecho _____
2. sovereign State	el Estado _____
3. absolute power	el poder _____
4. judicial principles	los _____ jurídicos
5. diplomatic immunity	la _____ diplomática
6. territorial water limits	los _____ de aguas _____
7. rules of courtesy	las reglas de _____
8. legislative body	el cuerpo _____
9. self-interest	el propio _____
10. International Court of Justice	el Tribunal _____ de _____
11. conduct of war	la _____ de la guerra
12. civil population	la población _____
13. human rights	los derechos _____
14. foreign residents	los _____ extranjeros
15. internal affairs	los asuntos _____
16. armed force	la fuerza _____
17. intercontinental missils	los misiles _____
18. thermonuclear bomb	la _____ termonuclear
19. international conflicts	los _____ internacionales
20. peace movement	el _____ por la paz

Ejercicio 4   Select the appropriate word(s) to complete each statement.
1. El derecho internacional _____ de los siglos XVI y XVII.
   a. aparece   b. data   c. afirma
2. El _____ recurre a las cortes.
   a. conflicto   b. precursor   c. litigante
3. La contaminación del aire (del medio ambiente) es _____.
   a. un fenómeno contemporáneo   b. una solución satisfactoria
   c. un movimiento explosivo

4. Lo que ocurre antes de un acontecimiento es un _____.
   a. requisito   b. límite   c. precursor
5. El está conforme. Ha _____.
   a. declarado   b. proliferado   c. consentido
6. _____ territorial por parte de un Estado vecino puede ser perjudicial.
   a. El límite   b. La expansión   c. La jurisdicción
7. Si no pueden resolver el conflicto pronto, van a _____ sanciones.
   a. requerir   b. respetar   c. imponer

Ejercicio 5   Give the word or expression being defined.
 1. la lucha, la batalla
 2. la disputa, el problema, el desacuerdo
 3. el habitante
 4. de hoy, actual
 5. el tribunal
 6. inválido
 7. de acuerdo
 8. hacer leyes
 9. la base
10. poner énfasis en, hacer hincapié
11. la idea
12. el cambio
13. el comienzo

Ejercicio 6   Match the English word or expression in Column A with its Spanish equivalent in Column B.

A	B
1. to judge, pass judgement	a. comparecer ante la corte
2. judge	b. la corte, el tribunal
3. trial, lawsuit	c. el incumplimiento
4. court	d. el juez
5. to have the force of law	e. el juicio, el pleito
6. observance, respect (laws)	f. juzgar, fallar
7. compliance with the law	g. el castigo
8. noncompliance	h. el acatamiento
9. to appear in court	i. tener fuerza de ley
10. punishment	j. el cumplimiento con la ley

Ejercicio 7   Complete each statement with the appropriate word(s).
 1. Se puede _____ ante un _____ en un _____.
    Después del _____, el _____ pronunciará un fallo y si es necesario, impondrá un _____.
 2. El _____ es obviamente legal y el _____ es ilegal.
 3. Las reglamentaciones gubernamentales tienen _____.
 4. Al recibir una citación es necesario _____ ante la corte.

Ejercicio 8   Give the word or expression being defined.
1. decidir un litigio o proceso
2. el que juzga y sentencia
3. el lugar donde se pronuncian fallos
4. la acción de honrar y respetar la ley

Ejercicio 9   Match the English word or expression in Column A with its Spanish equivalent in Column B.

A	B
1. judicial principle	a. el empleo de la fuerza
2. rules of courtesy	b. la bandera
3. flag	c. las reglas de cortesía
4. judicial person	d. un nuevo orden mundial
5. use of force	e. en concierto
6. new world order	f. la persona jurídica
7. in concert	g. el principio jurídico
8. prohibition, outlawing	h. la proscripción

Ejercicio 10   Complete each statement with the appropriate word(s).
1. Una compañía o una sociedad anónima es _____.
2. El derecho se basa en _____.
3. _____ de los EE.UU. es roja, blanca y azul.
4. Están de acuerdo. Están actuando en _____.
5. Hay _____ que siguen los diplomáticos durante sus negociaciones.
6. Hay muchos que creen que hay un _____ de interdependencia.

COMPRENSION

Ejercicio 1   True or false?
1. El derecho internacional tiene sus orígenes en este siglo.
2. El derecho internacional contemporáneo enfatiza la independencia y soberanía de los estados.
3. El derecho internacional funciona de la misma manera que el derecho nacional.
4. Las reglas de cortesía que se practican en las negociaciones internacionales tienen fuerza de ley.
5. Los tratados y convenios obligan solamente a los estados firmantes.
6. El principio de *pacta sunt servanda* declara que un Estado puede declarar nulo un tratado en cualquier momento.
7. Muy pocas naciones cumplen con los requisitos del derecho internacional.
8. Hay 11 jueces en el Tribunal Internacional de Justicia.
9. Cada juez sirve por un período de cuatro años.
10. Ha habido casos en que una nación ha decidido no reconocer la jurisdicción del Tribunal Internacional de Justicia y se ha negado a comparecer.

11. No es raro que las naciones recurran a las armas cuando la diplomacia no logra resolver un conflicto.
12. La Comunidad Europea es una precursora de un tipo de gobierno mundial.
13. La paz es simplemente la ausencia del conflicto armado.

Ejercicio 2   Answer.
1. ¿En qué se basaba el concepto de derecho internacional en España?
2. ¿Por qué se ven minados los conceptos de derecho internacional de los juristas Francisco de Vitoria y Francisco Suárez?
3. ¿Qué hay que haber para que haya derecho en una sociedad?
4. ¿Cuáles son las fuentes más importantes del derecho internacional?
5. ¿Cómo llegaron a tener fuerza de ley muchas costumbres?
6. ¿Qué afirma el principio de *pacta sunt servanda?*
7. ¿Qué tipos de castigo existen para imponer a las naciones que no cumplen con los requisitos del derecho internacional?
8. ¿Dónde tiene su sede el Tribunal Internacional de Justicia?
9. ¿Quién creó el Tribunal Internacional de Justicia? ¿Cuándo?
10. ¿Quiénes son miembros de este Tribunal?
11. ¿Qué establecieron los congresos en Ginebra?
12. ¿Cómo se trata de proteger los derechos humanos en todo el mundo?
13. ¿Cuáles son las tres categorías de la guerra?
14. ¿Cuáles son algunos fenómenos contemporáneos que nos hacen pensar en un nuevo orden mundial?

Ejercicio 3   Answer.
1. ¿Qué opina Ud. sobre el establecimiento de un gobierno mundial?
2. ¿Cómo puede la educación cambiar los sistemas gubernamentales y asegurar la paz?

ANSWERS TO VOCABULARY EXERCISES

CIENCIA POLITICA

Capitulo 1: Introducción

Ejercicio 2
1. política   2. político   3. comunitaria   4. teoría   5. administración
6. relaciones   7. político   8. opinión   9. grupos   10. legal   11. local
12. primitiva   13. institución   14. proceso   15. industrializado   16. público
17. educación   18. defensa   19. militar   20. servicio   21. Social

Ejercicio 3
1. j   2. f   3. k   4. m   5. d   6. a   7. b   8. l   9. o   10. g   11. c   12. q
13. n   14. e   15. h   16. i   17. p

Ejercicio 4
1. la disciplina   2. reciente   3. el concepto   4. la opinión   5. acumular
6. comunitario   7. el resultado   8. diverso   9. público   10. la nación
11. internacional   12. el análisis   13. la elección   14. el historiador
15. el municipio   16. primitivo   17. indispensable   18. controlar

Ejercicio 5
1. la economía   2. la sociología   3. la antropología   4. la filosofía   5. el gobierno
6. la historia

Ejercicio 6
1. f   2. l   3. b   4. h   5. k   6. a   7. d   8. j   9. e   10. i   11. c   12. g

Ejercicio 7
1. d   2. e   3. h   4. j   5. i   6. c   7. b   8. f   9. l   10. k   11. a   12. g

Ejercicio 8
1. el conocimiento   2. la meta   3. el comportamiento   4. el derecho   5. la ley
6. la rama   7. el paso   8. el tribunal   9. el pensamiento   10. el partido

Ejercicio 9
1. partidos   2. rama, rama   3. tribunal   4. comportamiento   5. presión   6. pasos
7. fallo   8. presión, meta

Ejercicio 10
1. i   2. d   3. k   4. f   5. a   6. l   7. j   8. b   9. g   10. e   11. c   12. h

Ejercicio 11
1. poder   2. juega un papel, diaria   3. El nivel de desarrollo   4. cambio
5. recursos   6. costumbres

Ejercicio 12
1. e   2. g   3. a   4. h   5. b   6. f   7. d   8. i   9. c

Ejercicio 13
1. red de carreteras   2. ayuda externa, ayuda externa, ayuda financiera
3. Estado (gobierno)   4. ciudadanos   5. la Bolsa (el Mercado) de Valores
6. presupuesto   7. formularios

CAPITULO 2: El poder

Ejercicio 2
1. legal   2. latente   3. político   4. poder   5. familia   6. sociedad
7. democrático   8. modelo   9. informativos   10. Revolución   11. élite
12. control   13. producción   14. político   15. líder   16. asalariado
17. grupos, especial   18. física   19. público   20. dominante   21. oficial
22. institución

Ejercicio 3
1. i   2. m   3. f   4. e   5. k   6. b   7. n   8. a   9. j   10. d   11. g   12. c
13. h   14. l

Ejercicio 4
1. crítico   2. gobernante   3. la persuasión, la coacción; La persuasión, la coacción
4. status   5. autónoma   6. sociólogo   7. incentivos, asalariados

Ejercicio 5
1. f   2. i   3. c   4. g   5. j   6. d   7. b   8. e   9. a   10. h

Ejercicio 6
1. g   2. d   3. i   4. b   5. j   6. e   7. c   8. a   9. f   10. h

Ejercicio 7
1. ejercicio del poder   2. La votación abierta   3. congresistas (representantes,
diputados)   4. consejeros   5. partidarios, partidarios   6. patrono   7. medios

Ejercicio 8
1. el partidario   2. el consejero   3. los negocios   4. el patrono   5. obrar

Ejercicio 9
1. e   2. g   3. b   4. f   5. c   6. a   7. d

Ejercicio 10
1. empresa, empresa   2. política agrícola   3. marco   4. industrial
5. sindicatos laborales   6. de mercado libre   7. su propio beneficio

CAPITULO 3: El Estado

Ejercicio 2
1. moderno   2. político   3. civilización   4. mercenarios   5. económicas
6. rápidas   7. voluntarios   8. militar

Ejercicio 3
1. g 2. i 3. e 4. b 5. k 6. l 7. a 8. d 9. f 10. c 11. j 12. h

Ejercicio 4
1. d 2. f 3. h 4. a 5. c 6. g 7. b 8. e 9. l 10. k 11. j 12. i
13. m

Ejercicio 5
1. el voluntario 2. el mercenario 3. el habitante 4. la burocracia 5. la multitud
6. la tropa 7. permitir 8. posibilitar

Ejercicio 6
1. religiones 2. culto 3. rito 4. continente 5. habitantes 6. militares
7. gobierno 8. civilización, civilización

Ejercicio 7
1. f 2. h 3. j 4. a 5. g 6. l 7. n 8. k 9. b 10. e 11. c 12. m
13. d 14. i

Ejercicio 8
1. aranceles 2. mercado 3. bandera; bandera 4. ejército 5. siglo 6. ejército
7. rige, rige 8. vencer

Ejercicio 9
1. vencer 2. el enemigo 3. la patria 4. el siglo 5. fomentar
6. la mano de obra 7. el comerciante 8. el código

Capítulo 4: Gobierno, Estado y nación

Ejercicio 2
1. formular 2. nacional 3. nacional 4. política 5. cultural 6. arbitrarias
7. grupo 8. civil 9. independencia 10. nacional 11. República 12. gobierno
13. protectorado 14. concepto

Ejercicio 3
1. Estado, nación, entidades, definición 2. participar; controlar
3. responsabilidad, autoridad 4. afectar 5. cultura 6. entidad
7. separatistas; declarar

Ejercicio 4
1. e 2. g 3. i 4. a 5. d 6. j 7. k 8. f 9. l 10. b 11. h 12. c

Ejercicio 5
1. autoritariamente 2. la ambigüedad 3. la burocracia 4. participar
5. la frontera 6. heterogéneo 7. el conflicto

Ejercicio 6
1. c 2. e 3. g 4. h 5. j 6. i 7. d 8. b 9. a 10. f

Ejercicio 7
1. e 2. g 3. a 4. i 5. b 6. m 7. d 8. k 9. f 10. c 11. h 12. j
13. l

Ejercicio 8
1. compartir   2. guerra, luchas   3. Guerra Mundial   4. interino   5. potencias
6. acatar   7. levantarse   8. derrocar

Ejercicio 9
1. interino   2. acatar   3. la lucha   4. la pregunta   5. mundial

CAPITULO 5: Autoridad y legitimidad

Ejercicio 2
1. público   2. aceptadas   3. armada   4. situación   5. legítimo   6. carismático
7. absoluta   8. sociedad   9. absoluta   10. impersonales   11. económica
12. liberación nacional   13. electorales   14. movimiento   15. legitimidad

Ejercicio 3
1. b   2. a   3. c   4. b   5. a   6. b

Ejercicio 4
1. e   2. g   3. a   4. c   5. h   6. f   7. d   8. b

Ejercicio 5
1. la incompetencia   2. racional   3. legítimo   4. prohibir   5. el territorio
6. la constitución   7. el monarca   8. la supremacía

Ejercicio 6
1. h   2. c   3. d   4. a   5. f   6. i   7. b   8. e   9. g   10. j

Ejercicio 7
1. e   2. g   3. c   4. a   5. i   6. k   7. b   8. f   9. h   10. l   11. j   12. d

Ejercicio 8
1. coacción   2. castigo   3. amenaza, castigo   4. súbditos   5. tentativa   6. rangos
7. poder   8. fuerza

Ejercicio 9
1. el procedimiento   2. el principio   3. el súbdito   4. el cargo   5. el poder
6. la coacción

Ejercicio 10
1. g   2. d   3. i   4. j   5. a   6. e   7. c   8. b   9. k   10. l   11. h   12. f

Ejercicio 11
1. d   2. f   3. a   4. e   5. b   6. c

Ejercicio 12
1. persona (individuo), ejercer, derechos   2. pueblo, confianza   3. otorga, poder
4. someter; apoyar, derrocar   5. emperador   6. ser divino

CAPITULO 6: Ideologías políticas I

Ejercicio 2
1. movimiento   2. plan   3. personal   4. punto   5. político   6. ideología
7. político   8. social   9. responsabilidad   10. oficiales   11. industrial   12. escala
13. déspota   14. religión   15. libertad   16. suma, partes   17. social
18. tradicionales   19. fondos   20. sociales   21. pública   22. legalización

Ejercicio 3
1. a   2. b   3. c   4. a   5. b   6. c   7. c   8. b

Ejercicio 4
1. j   2. i   3. h   4. g   5. f   6. e   7. d   8. c   9. b   10. a

Ejercicio 5
1. f   2. d   3. h   4. a   5. g   6. e   7. c   8. b   9. l   10. k   11. m   12. n
13. j   14. i

Ejercicio 6
1. h   2. f   3. i   4. a   5. j   6. c   7. b   8. e   9. d   10. g

Ejercicio 7
1. libre   2. el tributo   3. el siervo   4. el campesino   5. la creencia   6. el patrón
7. la meta

Ejercicio 8
1. la libertad de palabra   2. creencias   3. siervo, libre   4. desarrollar
5. campesinos   6. empresarios   7. tributos

Ejercicio 9
1. d   2. f   3. e   f. a   5. b   6. c

Ejercicio 10
1. prójimo   2. poderoso   3. hacer cara   4. quema   5. sospecha

Capitulo 7: Ideologías políticas II

Ejercicio 2
1. clase   2. oportunidad   3. liberal   4. explotación   5. intervención
6. condiciones   7. revolución   8. proletariado   9. económicos   10. condiciones
11. económica   12. producción   13. distribución   14. privada   15. maximizar
16. diferencias   17. social   18. económico   19. expresión

Ejercicio 3
1. premisa, clases   2. igualdad, oportunidad   3. condiciones, intolerables
4. continente   5. bandos

Ejercicio 4
1. d   2. h   3. a   4. f   5. e   6. j   7. b   8. g   9. c   10. i

Ejercicio 5
1. c   2. e   3. g   4. a   5. h   6. d   7. i   8. f   9. b

Ejercicio 6
1. el proletariado   2. la burguesía   3. la aristocracia   4. el capitalismo

Ejercicio 7
1. d   2. e   3. i   4. j   5. f   6. a   7. h   8. c   9. g   10. b

Ejercicio 8
1. horario   2. fábricas   3. máquinas   4. trabajadores (obreros)
5. obrero diestro, obrero   6. sindicato, trabajadores (obreros), sindicato   7. sueldo
8. apoyar

Ejercicio 9
1. e   2. c   3. f   4. d   5. b   6. a   7. g

Ejercicio 10
1. maximizar los beneficios   2. riesgos   3. dueño; dueños   4. lucha de clases
5. estalló   6. prejuicios

Capitulo 8: Constituciones y estructuras

Ejercicio 2
1. políticas   2. constitución   3. básicos   4. distribución   5. suprema   6. colegio
7. gobierno   8. central   9. regional   10. gobierno   11. provincial   12. municipal
13. centralizado   14. comunicación   15. comunicación   16. transporte
17. autónomo   18. control   19. nacional

Ejercicio 3
1. j   2. e   3. g   4. b   5. i   6. d   7. c   8. f   9. a   10. h

Ejercicio 4
1. constitución   2. modelo   3. proponer, ratificar   4. universalmente   5. central
6. autoridad   7. radio, televisión   8. autónoma

Ejercicio 5
1. h   2. c   3. e   4. j   5. i   6. a   7. f   8. k   9. d   10. g   11. b   12. l

Ejercicio 6
1. proponer   2. ratificar   3. imponer   4. indicar   5. detallar   6. adaptar
7. invalidar

Ejercicio 7
1. f   2. j   3. a   4. b   5. h   6. l   7. n   8. m   9. k   10. g   11. e   12. c
13. d   14. i

Ejercicio 8
1. enmendar   2. acatar   3. poner en práctica   4. apartar(se)   5. evitar   6. regir
7. desempeñar   8. apoyar

Ejercicio 9
1. e   2. f   3. b   4. c   5. a   6. d

Capitulo 9: Partidos políticos

Ejercicio 2
1. político   2. partido   3. oficial   4. líder   5. sistema   6. partido   7. partido
8. múltiples   9. sistema   10. sistema   11. sistema, dos   12. público   13. partido
14. bloques   15. movilización   16. general   17. primer   18. Constituyentes
19. partido   20. representación   21. anual   22. período   23. hereditario

Ejercicio 3
1. elecciones   2. década   3. monarca   4. candidatos   5. voto   6. representantes
7. conexión

Ejercicio 4
1. e   2. d   3. c   4. a   5. b

Ejercicio 5
1. c 2. e 3. g 4. a 5. b 6. d 7. f

Ejercicio 6
1. d 2. e 3. g 4. a 5. h 6. i 7. b 8. f 9. j 10. c

Ejercicio 7
1. apoyan 2. reclutar 3. conseguir, presentarse 4. tomar 5. inscribirse, pagar
6. llegar, presentarse, conseguir

Ejercicio 8
1. d 2. a 3. g 4. i 5. b 6. k 7. c 8. h 9. e 10. f 11. j

Ejercicio 9
1. diputado 2. alcalde 3. cargos públicos 4. escaños, escaños 5. sindicato
6. sindicatos 7. huelga 8. inscribe, tarjeta de afiliación 9. puesto
10. lema

Ejercicio 10
1. el escaño 2. la meta 3. el sindicato 4. la aldea 5. el alcalde 6. el lema

CAPITULO 10: Lo que hacen los gobiernos

Ejercicio 2
1. gobierno 2. municipal 3. estatal 4. federal 5. producto nacional
6. redistribución 7. sistema, Social 8. transferencia 9. nacional 10. subsidios
11. reducción 12. municipal 13. sanción 14. tráfico 15. aérea
16. condiciones 17. defensa 18. educación 19. público 20. médico
21. intervención 22. educación 23. económico 24. monetaria 25. tendencia

Ejercicio 3
1. municipal 2. estatal 3. el burócrata 4. clasificar 5. los fondos
6. la recompensa 7. reducir 8. promover 9. proveer 10. legal 11. ilegal
12. regulatorio 13. la competencia 14. el piloto 15. el profesor
16. el comercio 17. el área 18. la clínica 19. médico

Ejercicio 4
1. e 2. n 3. g 4. i 5. o 6. b 7. k 8. d 9. f 10. c 11. a 12. m
13. h 14. l 15. j 16. p

Ejercicio 5
1. básico 2. clasificar 3. reducir 4. El pensionado 5. reside 6. nacional
7. La complejidad 8. laborales

Ejercicio 6
1. m 2. f 3. h 4. j 5. p 6. a 7. d 8. g 9. o 10. n 11. e 12. b
13. k 14. i 15. c 16. l

Ejercicio 7
1. tasa 2. Bolsa, Bolsa 3. tributario, recaudar, impuestos, tributos
4. inversiones 5. título (bono) municipal; tasa, bono (título) 6. presupuesto
7. aranceles 8. fuerza laboral 9. El sistema tributario progresivo

Ejercicio 8
1. los tributos (las contribuciones)   2. los aranceles
3. la contribución sobre el ingreso personal (sobre ingresos personales)
4. el impuesto sobre ventas   5. los impuestos (los tributos)

Ejercicio 9
1. f   2. i   3. d   4. g   5. m   6. o   7. q   8. k   9. n   10. b   11. e   12. p
13. h   14. r   15. j   16. c   17. l   18. a

Ejercicio 10
1. la vivienda   2. la guardería infantil   3. el jubilado   4. el necesitado
5. el incapacitado   6. el ejército   7. la viuda   8. la carretera   9. el dueño
10. la intromisión   11. la salud   12. la ayuda

Capítulo 11: Sistemas parlamentarios y presidenciales

Ejercicio 2
1. parlamentario   2. sistema   3. ejecutivo   4. Ministros   5. voto   6. primer
7. veto   8. coalición   9. ejecutiva   10. legislativa   11. control
12. responsabilidad   13. Unido

Ejercicio 3
1. disolver   2. elegir   3. votar   4. presentar   5. ejercer   6. defender   7. debatir

Ejercicio 4
1. l   2. k   3. j   4. i   5. h   6. g   7. f   8. e   9. d   10. c   11. b   12. a

Ejercicio 5
1. a favor de   2. un bloque   3. legislativa   4. elegido   5. (ejercer el) veto; rendir
6. congreso

Ejercicio 6
1. ejecutivo   2. parlamentario   3. a favor de   4. tender (a)
5. el bloque (de votantes)   6. el representante   7. impedir   8. defender
9. similar   10. disolver

Ejercicio 7
1. presidenciales   2. ejecutivo   3. elegir   4. congreso   5. símbolo   6. Congreso

Ejercicio 8
1. d   2. f   3. h   4. j   5. b   6. c   7. g   8. k   9. a   10. e   11. i

Ejercicio 9
1. rama ejecutiva   2. reúnen, proyectos de ley   3. contar, mayoría, diputados
4. mandato   5. repartir

Ejercicio 10
1. el diputado   2. reunirse   3. fracasar   4. repartir   5. la mayoría   6. aprobar

RELACIONES INTERNACIONALES

Capitulo 12: Introducción

Ejercicio 2
1. internacional   2. política   3. relaciones   4. internacionales   5. domésticas
6. interacción   7. diplomáticas normales   8. interacción   9. multinacional
10. entidades   11. académico   12. Unidas

Ejercicio 3
1. defender   2. comunicación   3. transporte   4. multinacional   5. cuotas
6. armas   7. alianza   8. alianza   9. escenario   10. visitar, ideas, impresiones

Ejercicio 4
1. c   2. e   3. g   4. a   5. h   6. b   7. d   8. f   9. j   10. i

Ejercicio 5
1. d   2. f   3. h   4. i   5. e   6. c   7. a   8. b   9. j   10. g

Ejercicio 6
1. potencias, medidas, guerra   2. meta, guerra   3. punto de vista
4. Cruz Roja Internacional   5. Banco Mundial   6. grandes potencias   7. reuniones
8. foro

Ejercicio 7
1. d   2. f   3. h   4. a   5. c   6. b   7. e   8. g

Ejercicio 8
1. red   2. intercambio   3. beca   4. empresa   5. estalló   6. contienda
7. amenaza

Capitulo 13: Algunos paradigmas

Ejercicio 2
1. afirmación   2. organización   3. política   4. interna   5. política   6. seguridad
7. Estado   8. mundial   9. respeto   10. Naciones   11. cooperación internacional
12. global   13. sociedad   14. modelo   15. margen   16. sistema, capitalista
17. propiedad   18. acumulación   19. masas   20. distinción   21. gobiernos
22. teoría, dependencia   23. económica   24. radical   25. movimientos, liberación
26. clases

Ejercicio 3
1. g   2. i   3. k   4. a   5. b   6. m   7. c   8. e   9. n   10. h   11. o   12. d
13. f   14. j   15. l   16. p

Ejercicio 4
1. a   2. c   3. a   4. a   5. b   6. c   7. a   8. c

Ejercicio 5
1. d   2. f   3. g   4. b   5. i   6. c   7. a   8. j   9. e   10. h

Ejercicio 6
1. d   2. f   3. a   4. g   5. c   6. b   7. h   8. j   9. e   10. i

Ejercicio 7
1. g   2. e   3. h   4. a   5. j   6. l   7. b   8. q   9. m   10. p   11. o   12. c
13. f   14. d   15. n   16. k   17. i

Ejercicio 8
1. tratados   2. meta, orden   3. bienestar   4. confianza   5. seguridad
6. desigualdad   7. fracaso   8. poder   9. evitar   10. valores compartidos

Ejercicio 9
1. el fracaso   2. la paz   3. la lucha   4. la meta   5. actual   6. el tratado
7. la seguridad   8. el bienestar

CAPITULO 14: El sistema internacional I

Ejercicio 2
1. grupos   2. feudales   3. constante   4. proceso   5. sistema   6. soberanía
7. balance

Ejercicio 3
1. ruinas   2. dinastía   3. desintegración   4. Imperio Romano   5. gloria, honra
6. transformar   7. subcontinente

Ejercicio 4
1. c   2. e   3. a   4. d   5. b

Ejercicio 5
1. la monarquía   2. el imperio   3. el emperador   4. la nación-estado
5. la hegemonía   6. la coalición   7. la conspiración   8. el noble   9. la dinastía

Ejercicio 6
1. e   2. h   3. f   4. a   5. c   6. g   7. d   8. b

Ejercicio 7
1. h   2. j   3. e   4. f   5. b   6. g   7. k   8. d   9. a   10. i   11. c

Ejercicio 8
1. el emperador   2. la reina   3. el rey   4. el emperador   5. el faraón

Ejercicio 9
1. asuntos internos   2. ciudades-estados   3. adelantarse   4. lealtad   5. amenazar

Ejercicio 10
1. adelantarse   2. el eje   3. el equilibrio   4. amenazar   5. la reina

CAPITULO 15: El sistema internacional II

Ejercicio 2
1. i   2. k   3. f   4. m   5. b   6. n   7. a   8. o   9. h   10. d   11. p   12. e
13. j   14. g   15. l   16. c

Ejercicio 3
1. estados   2. guerrillas   3. nación   4. libertad, fraternidad   5. ideal   6. social
7. napoleónicas   8. represivo   9. movimiento   10. económica

Ejercicio 4
1. alianza   2. trono   3. unánime   4. zar   5. restaurar   6. régimen

Ejercicio 5
1. triunfar   2. dominar   3. rebelarse   4. impotente   5. liberal   6. financiar
7. el déspota   8. el concepto

Ejercicio 6
1. d   2. g   3. i   4. k   5. p   6. o   7. a   8. e   9. n   10. l   11. f   12. c
13. h   14. j   15. b   16. m

Ejercicio 7
1. luchar   2. patria   3. una hecatombe   4. fracasar   5. forjar un convenio
6. principio

Ejercicio 8
1. materias primas   2. fuente   3. mercado   4. carrera de armamentos
5. hecatombe   6. El ejército   7. derrota   8. castigar

CAPÍTULO 16: Interdependencia y organizaciones internacionales

Ejercicio 2
1. impacto   2. internacional   3. integridad   4. nacional   5. disputa   6. nacional
7. sanciones   8. área   9. multinacional   10. postales   11. armada   12. colectiva

Ejercicio 3
1. Internacional, Justicia   2. Naciones   3. Naciones   4. Organización
5. Organización, Estados   6. Comunidad   7. Organización, Petróleo   8. Banco
9. Internacional   10. Internacional   11. Asociación Internacional

Ejercicio 4
1. e   2. h   3. d   4. k   5. g   6. j   7. b   8. a   9. f   10. c   11. i   12. l

Ejercicio 5
1. económico   2. territorial   3. nacional   4. gubernamental   5. geográfico
6. mundial   7. científico

Ejercicio 6
1. e   2. k   3. h   4. j   5. m   6. l   7. d   8. n   9. f   10. c   11. o   12. b
13. i   14. a   15. g   16. p

Ejercicio 7
1. b   2. a   3. c   4. b   5. c   6. a, c

Ejercicio 8
1. enunciar   2. intervenir   3. resolver   4. promover   5. imponer   6. garantizar

Ejercicio 9
1. e   2. d   3. a   4. b   5. c

Ejercicio 10
1. firmó   2. Surgió   3. sobrevivió   4. Logró   5. aseguró

Ejercicio 11
1. c   2. g   3. i   4. e   5. f   6. l   7. d   8. k   9. h   10. b   11. j   12. a
13. n   14. m

Ejercicio 12
1. paz   2. medios pacíficos   3. desarme, desarme, fin, lograr (asegurar)   4. empresa
5. seguridad   6. acuerdo, convenio, tratado; convenio, acuerdo, tratado   7. firmante
8. Organización, Nueva York

Ejercicio 13
1. firmar   2. asegurar   3. el convenio   4. el fin   5. surgir

CAPITULO 17: Política exterior I

Ejercicio 2
1. conducta   2. situación   3. formal   4. militar   5. conflicto   6. militares
7. bases   8. misiones   9. alianza   10. alineamiento   11. pacto   12. global
13. globales   14. negociaciones   15. grupo

Ejercicio 3
1. d   2. g   3. i   4. a   5. e   6. k   7. b   8. j   9. f   10. h   11. c   12. l

Ejercicio 4
1. e   2. f   3. d   4. a   5. c   6. g   7. b

Ejercicio 5
1. invasión, agresión   2. neutralidad   3. capital   4. contacto   5. no alineamiento
6. alianza   7. pacto

Ejercicio 6
1. d   2. e   3. g   4. b   5. h   6. c   7. a   8. f   9. l   10. i   11. j   12. k
13. m

Ejercicio 7
1. b   2. g   3. i   4. d   5. c   6. j   7. h   8. e   9. k   10. a   11. f

Ejercicio 8
1. embajadas, embajadas   2. Los países alineados   3. foro   4. dirigente
5. política exterior

Ejercicio 9
1. los fines   2. los medios   3. actualmente   4. el dirigente   5. en apoyo de
6. el rechazo   7. la ventaja

CAPITULO 18: Política exterior II

Ejercicio 2
1. alineamiento   2. escenario   3. nacionales   4. territorio   5. internos
6. conducta   7. factores   8. acceso   9. recurrente   10. armas
11. intercontinentales   12. esfera   13. participación   14. espionaje   15. división
16. crónica   17. protección   18. militares   19. militar   20. producto   21. pública
22. política   23. problema

Ejercicio 3
1. f   2. m   3. i   4. p   5. a   6. k   7. o   8. g   9. l   10. b   11. e   12. s
13. q   14. c   15. j   16. t   17. d   18. n   19. h   20. r

Ejercicio 4
1. c   2. b   3. a   4. c   5. b   6. c   7. a   8. c

Ejercicio 5
1. defendible   2. recurrente   3. el resultado   4. penetrativo   5. el representante
6. el provocador   7. regional   8. navegable   9. el interés   10. la conducta

Ejercicio 6
1. d   2. a   3. e   4. g   5. i   6. h   7. j   8. b   9. f   10. c

Ejercicio 7
1. la idiosincrasia   2. la diplomacia   3. el aislacionismo   4. la neutralidad
5. la alianza   6. la esfera   7. el espionaje   8. el intervencionismo

Ejercicio 8
1. f   2. i   3. a   4. k   5. c   6. d   7. j   8. b   9. l   10. e   11. h   12. g
13. m

Ejercicio 9
1. patrones   2. crecimiento   3. fuerza laboral   4. población   5. bienestar
6. nivel de vida, nivel de vida   7. superpoblados   8. tamaño   9. tratado de paz
10. frentes, frente   11. poderosos   12. supervivencia

Ejercicio 10
1. el bienestar   2. el crecimiento   3. poderoso   4. la fuerza laboral   5. la pérdida

Ejercicio 11
1. d   2. f   3. a   4. g   5. b   6. h   7. e   8. c

Ejercicio 12
1. c   2. d   3. a   4. b

Ejercicio 13
1. escasos   2. antagónicos   3. fomentar   4. desarrollar   5. socavar   6. comportarse

CAPITULO 19: Diplomacia

Ejercicio 2
1. acción   2. implementación   3. permanente   4. capital   5. constante   6. local
7. agencia   8. programa   9. Ministerio   10. energía   11. positiva
12. agente   13. diplomática   14. comunicación

Ejercicio 3
1. acción   2. diplomacia   3. contacto   4. inmunidad, local   5. la capital
6. agente diplomático

Ejercicio 4
1. j   2. i   3. h   4. g   5. f   6. e   7. d   8. c   9. b   10. a

Ejercicio 5
1. c   2. e   3. a   4. g   5. f   6. i   7. b   8. j   9. h   10. d

Ejercicio 6
1. la misión   2. el protocolo   3. la propaganda   4. el diplomático   5. el cónsul

Ejercicio 7
1. f   2. g   3. j   4. a   5. d   6. n   7. k   8. b   9. c   10. e   11. p   12. l
13. i   14. o   15. m   16. h

Ejercicio 8
1. llevar a cabo, cumplir   2. embajadas   3. Asuntos Exteriores   4. parte
5. agregado, agregado, agregado   6. lealtad, de buena fe   7. propuesta
8. cuerpo diplomático   9. preocupación   10. título

Ejercicio 9
1. f   2. a   3. e   4. c   5. d   6. b

CAPITULO 20: Alguna terminología diplomática

Ejercicio 2
1. diplomacia   2. terminología   3. internacional   4. militar   5. ratificación
6. legal   7. temporero   8. acuerdo   9. fundamental   10. legal   11. declaración
12. declaración   13. conducta   14. económica   15. endémica   16. soberano
17. nacional   18. técnico

Ejercicio 3
1. la terminología   2. contemporáneo   3. la práctica   4. la precedencia
5. la colaboración   6. la ratificación   7. el comité   8. el fruto   9. autorizar
10. la base   11. el compendio   12. la autosuficiencia   13. la credibilidad
14. soberano   15. controversial   16. la asistencia

Ejercicio 4
1. diplomático   2. aceptable   3. bilateral   4. el resultado   5. el participante
6. técnico

Ejercicio 5
1. f   2. g   3. c   4. a   5. b   6. l   7. n   8. h   9. j   10. q   11. o   12. d
13. r   14. m   15. e   16. i   17. p   18. k

Ejercicio 6
1. d   2. f   3. g   4. e   5. a   6. b   7. h   8. c

Ejercicio 7
1. perjudicial   2. tratados (acuerdos), fin   3. firmar   4. firmas   5. informe
6. entregar   7. resumir, informe   8. reunión   9. en vías de desarrollo
10. términos   11. derecho, derecho

CAPITULO 21: Derecho internacional y la paz

Ejercicio 2
1. f   2. h   3. j   4. m   5. b   6. o   7. k   8. g   9. c   10. a   11. q   12. n
13. e   14. l   15. r   16. i   17. d   18. p

Ejercicio 3
1. internacional   2. soberano   3. absoluto   4. principios   5. inmunidad
6. límites, territoriales   7. cortesía   8. legislativo   9. interés

10. Internacional, Justicia   11. conducta   12. civil   13. humanos   14. residentes
15. internos   16. armada   17. intercontinentales   18. bomba   19. conflictos
20. movimiento

Ejercicio 4
1. b   2. c   3. a   4. c   5. c   6. b   7. c

Ejercicio 5
1. el combate   2. el conflicto   3. el residente   4. contemporáneo   5. la corte
6. nulo   7. conforme   8. legislar   9. el fundamento   10. enfatizar
11. el concepto (la noción)   12. la transformación   13. el inicio

Ejercicio 6
1. f   2. d   3. e   4. b   5. i   6. h   7. j   8. c   9. a   10. g

Ejercicio 7
1. comparecer, juez, tribunal; juicio (pleito), juez, castigo
2. cumplimiento con la ley, incumplimiento   3. fuerza de ley   4. comparecer

Ejercicio 8
1. fallar (juzgar)   2. el juez   3. la corte (el tribunal)   4. el acatamiento

Ejercicio 9
1. g   2. c   3. b   4. f   5. a   6. d   7. e   8. h

Ejercicio 10
1. una persona jurídica   2. el principio jurídico   3. La bandera   4. concierto
5. reglas de cortesía   6. nuevo orden mundial

SPANISH-ENGLISH VOCABULARY

A

a favor de   in favor of
a nivel personal   on a personal level
abandonar   to abandon
abarcador   encompassing
abarcar   to encompass
abogar   to advocate
abolición *f*   abolition
abolir   to abolish
aborto *m*   abortion
absoluto   absolute
abstenerse   to abstain
abstracto   abstract
abusar   to abuse
abuso *m*   abuse
académico   academic
acatamiento *m*   observance, respect, compliance (laws, rules)
acatar   to obey (laws, rules)
acceso *m*   access
acceso al mar *m*   access to the sea
acción *f*   action; stock
accionista *m* or *f*   stockholder
acelerado   accelerated
aceptable   acceptable
aceptación *f*   acceptance
aceptado   accepted
aceptar   to accept
acomodar   to accommodate
aconsejar   to advise
acontecimiento *m*   happening, event
acordar   to agree
acrecentar   to increase
acrecentar al máximo   to maximize
actividad *f*   activity
actividades económicas *f pl*   economic activities
actor *m*   actor
actual   present, current
actualmente   present day, currently

acuerdo *m*   agreement
acuerdo formal *m*   formal agreement
acuerdo interino *m*   interim agreement
acuerdo internacional *m*   international agreement
acuerdo temporero *m*   temporary agreement
acumulación *f*   accumulation
acumulación de riqueza *f*   accumulation of wealth
acumular   to accumulate
adaptación *f*   adaptation
adaptar   to adapt
adaptivo   adaptive
adelantar   to advance
adherente *m* or *f*   follower
administración *f*   administration
administración pública *f*   public administration
administrativo   administrative
admirar   to admire
adquirir   to acquire
adquisición *f*   acquisition
aéreo   aerial, air
afectar   to affect
afecto *m*   affection
afiliado *m*   member, affiliate
afirmación *f*   affirmation
afirmación del Estado *f*   affirmation of the State
afirmar   to affirm
agencia *f*   agency
agencia gubernamental *f*   government agency
agente *m* of *f*   agent
agente de espionaje *m* or *f*   intelligence agent
agregado *m*   attaché
agregado militar *m*   military attaché
agresión *f*   aggression

agricultor *m*   farmer
agricultura *f*   agriculture
agrupación *f*   grouping
agrupación cultural *f*   cultural grouping
agrupar   to group
aislacionismo *m*   isolationism
aislacionista   isolationist
aislador   isolating
ajustar   to adjust
alcalde *m*   mayor
aldea *f*   village
aliado *m*   ally
alianza *f*   alliance
alianza formal *f*   formal alliance
alineado   aligned
alineamiento *m*   alignment
alinear   to align
alternar   to alternate
alternativa *f*   alternative
alto   high
amalgama *f*   amalgam, combination
ambigüedad *f*   ambiguity
ámbito *m*   environment, sphere, arena
ámbito de la familia *m*   family
   environment
ámbito global *m*   global environment
amenaza *f*   threat
amenazar   to threaten
Amnistía Internacional *f*   Amnesty
   International
análisis *m*   analysis
analizar   to analyze
anárquico   anarchic
ancestral   ancestral
anormal   abnormal
antagónico   antagonistic
antecedente *m*   antecedent
antiguo   ancient, old
antropología *f*   anthropology
anual   annual
anunciar   to announce
anuncio *m*   announcement
aparato *m*   apparatus
aparecer   to appear
aparición *f*   appearance
apariencia *f*   appearance
apartado   separated, isolated
apartar   to separate
aparte   apart

aplicación *f*   application
aplicar   to apply
apoyar   to support
apoyo *m*   support
aprobar   to approve
aranceles *m pl*   duty, tariff
arbitrariedad *f*   arbitrariness
arbitrario   arbitrary
archiduque *m*   archduke
área *f*   area
área geográfica *f*   geographical area
argüir   to argue
argumento *m*   argument
aristocracia *f*   aristocracy
arma *f*   weapon
armas nucleares *f pl*   nuclear arms
armado   armed
armar   to arm
arquitecto *m*   architect
arsenal *m*   arsenal
artesano *m*   artisan
artículo *m*   article
asalariado   salaried
asamblea *f*   assembly
asegurar   to insure; to assure
asesinar   to murder
asesinato *m*   murder
asistencia *f*   assistance
asociación *f*   association
Asociación Internacional de Transporte
Aéreo *f*   International Air Transport
   Association (IATA)
asociaciones de constituyentes *f pl*
   Constituent Assemblies
aspecto *m*   aspect; appearance
asunto *m*   matter; affair
asunto público *m*   public matter
asunto técrico *m*   technical matter
asuntos exteriores *m pl*   foreign affairs
asuntos internos *m pl*   internal affairs,
   domestic affairs
atacar   to attack
atentado *m*   attempt
atómico   atomic
atraer   to attract
atrasado   backward
atribuir   to attribute
atributo *m*   attribute
aumentar   to augment, increase

ausencia *f*   absence
autócrata *m* or *f*   autocrat
autonomía *f*   autonomy
autónomo   autonomous
autor *m*   author
autoridad *f*   authority
autoridad absoluta *f*   absolute authority
autoritariamente   authoritatively
autoritario   authoritarian
autorización *f*   authorization
autorizado   authorized
autorizar   to authorize
autosuficiencia *f*   self-sufficiency
autosuficiencia económica *f*   economic
  self-sufficiency
avanzado   advanced
avanzar   to advance
avenida *f*   avenue
aviación *f*   aviation
ayuda *f*   help, aid, assistance
ayuda externa *f*   foreign aid
ayuda financiera *f*   financial aid
ayuda militar *f*   military aid
ayudante *m* or *f*   assistant

B
bajar   to lower
bajo   under
balance *m*   balance
balanza *f*   scale
balanza del poder *f*   balance of power
ballet *m*   ballet
banca *f*   banking
banco *m*   bank
Banco Mundial *m*   World Bank
bandera *f*   flag
bando *m*   faction
banquero *m*   banker
basarse   to be based
base *f*   base; basis
base legal *f*   legal basis
base militar *f*   military base
básico   basic
batalla *f*   battle
beca *f*   scholarship
behaviorismo *m*   behaviorism
beligerancia *f*   belligerence
beneficio *m*   benefit; profit
beneficio económico *m*   economic benefit

benévolo   benevolent
bienestar *m*   welfare
bienestar público p*m*   public welfare
bilateral   bilateral
bloque *m*   block
bloques de votantes *m pl*   voting blocks
Bolsa *f*   Stock Market
Bolsa de Valores *f*   Stock Market
bomba *f*   bomb
bomba termonuclear *f*   thermonuclear
  bomb
bono *m*   bond
bono municipal *m*   municipal bond
brevedad *f*   briefness, brevity
burguesía *f*   bourgeoisie
burocracia *f*   bureaucracy
burócrata *m* or *f*   bureaucrat
burócrata federal *m* or *f*   federal
  bureaucrat
burocrático   bureaucratic

C
calma *f*   calm
Cámara de los Comunes *f*   House of
  Commons
cambio *m*   change, exchange
cambio radical *m*   radical change
cambio social *m*   social change
camino *m*   road
campaña *f*   campaign
campañas napoleónicas *f pl*   Napoleonic
  campaigns
campesino *m*   peasant
campo *m*   field, area
canal *m*   channel; canal
candidato *m*   candidate
cantidad *f*   quantity
capacidad *f*   capacity
capital *f*   capital (city)
capital *m*   capital
capitalista *m* or *f*   capitalist
característica *f*   characteristic
caracterizar   to characterize
carbón *m*   coal
cárcel *f*   jail
cargo *m*   charge; position, job
cargo oficial *m*   public office
cargo público *m*   public office
carismático   charismatic

carrera de armamentos *f*   arms race
carretera *f*   highway
caso *m*   case
castigar   to punish
castigo *m*   punishment
catástrofe *f*   catastrophe
categoría *f*   category
categorizar   to categorize
causa *f*   cause
causar   to cause
central   central
centralizado   centralized
cerrado   closed
ciclo *m*   cycle
ciencia *f*   science
ciencia política *f*   political science
científico *m*   scientist
científico   scientific
científico político *m*   political scientist
circunstancia *f*   circumstance
citación *f*   summons
ciudad *f*   city
ciudadano *m*   citizen
ciudad-estado *f*   city-state
civil   civil
civilización *f*   civilization
civilización antigua *f*   ancient civilization
clandestino   clandestine
claridad *f*   clarity
claro   clear
clase *f*   class
clase dominante *f*   dominant class
clase obrera *f*   working class
clases oprimidas *f pl*   oppressed classes
clasificación *f*   classification
clasificar   to classify
clima *m*   climate
clínica *f*   clinic
coacción *f*   coercion
coalición *f*   coalition
cobro *m*   collection (of money)
codificado   codified
codificar   to codify
código *m*   code
coincidencia *f*   coincidence
coincidir   to coincide
colaboración *f*   collaboration
colectividad *f*   collectivity
colectivo   collective

colegio electoral *m*   electoral college
colonia *f*   colony
colonialismo *m*   colonialism
combate *m*   combat
combatir   to combat, fight
combinar   to combine
comenzar   to begin
comercial   commercial
comerciante *m or f*   merchant
comerciar   to trade
comercio *m*   business, commerce
comercio en gran escala *m*   large-scale business
comienzo *m*   beginning
comité *m*   committee
Comité Ejecutivo *m*   Executive Committee
comodidad *f*   comfort
compañía *f*   company
comparación *f*   comparison
comparar   to compare
comparecer ante la corte   to appear in court
compartir   to share
compendio *m*   compendium
competencia *f*   competence; competition
competidor *m*   competitor
competir   to compete
complejidad *f*   complexity
complejo   complex
complicado   complicated
componente *m*   component
comportamiento *m*   behavior
composición *f*   composition
comprar   to buy
comprender   to understand
comprensión *f*   understanding
común   common
comunal   communal
comunalidad *f*   communality
comunalmente   communally, in common
comunicación *f*   communication
comunicación masiva *f*   mass communication
comunicación oral *f*   oral communication
comunciaciones rápidas *f pl*   rapid communication
comunicado *m*   communication
comunidad *f*   community

Comunidad Económica Europea (CEE) *f* European Economic Community (EEC)
comunismo *m*   communism
con furia   furiously
conceder   to concede
concepto *m*   concept
concepto de nación *m*   concept of nation
conceptualización *f*   conceptualization
concesión *f*   concession
concreto   concrete
condado *m*   county
condena *f*   sentence
condenar   to condemn
condición *f*   condition
condiciones de trabajo *f pl*   work(ing) conditions
condiciones domésticas *f pl*   domestic conditions
condiciones laborales   work(ing) conditions
conducción *f*   management, carrying out
conducir   to lead
conducta *f*   conduct, behavior
conducta de la guerra *f*   conduct of war
conducta de la política exterior *f*   foreign policy conduct
conducta política *f*   political conduct
conexión *f*   connection
confederación *f*   confederation
confiado   trusted
confianza *f*   trust, confidence
confiarse   to have confidence, trust
confirmar   to confirm
conflicto *m*   conflict
conflicto internacional *m*   international conflict
conflicto militar *m*   military conflict
conforme a (con)   in accordance with
confrontar   to confront, face
confundir   to confuse
congresista *m* or *f*   member of congress
congreso *m*   congress; convention
congreso anual del partido *m*   annual party convention
conjunto *m*   whole, entirety
conocimiento *m*   knowledge
conquista *f*   conquest
conquistar   to conquer
consecuencia *f*   consequence

conseguir un cargo   to get into office
consejero del presidente *m*   presidential advisor
Consejo de Ministros *m*   Council of Ministers
consentimiento *m*   consent, agreement
consentir   to consent, agree
conservador   conservative
conservadurismo *m*   conservatism
considerar   to consider
consistir en   to consist of, be composed of
conspiración *f*   conspiracy
constante   constant
constitución *f*   constitution
constituyente *m* or *f*   constituent
construcción *f*   construction
construir   to build
cónsul *m* or *f*   consul
consulado *m*   consulate
consultor *m*   consultant
contacto *m*   contact
contacto constante *m*   constant contact
contaminación *f*   pollution
contar con   to count on
contemporáneo   contemporary
contienda *f*   contest
contiguo   contiguous, adjoining
continente *m*   continent
continuo   continuous
contrastar   to contrast
contraste *m*   contrast
contribución *f*   contribution, tax
contribución sobre el ingreso personal *f*   personal income tax
control *m*   control
control de capital *m*   control of capital
controlar   to control
controversia *f*   controversy
convenio *m*   agreement, accord
convenir   to agree; to suit, be convenient for
conversación *f*   conversation
convicción *f*   conviction
cooperación *f*   cooperation
cooperar   to cooperate
coordinar   to coordinate
copia *f*   copy
corona *f*   crown
correo *m*   mail

correr   to run
corriente   current
corte *f*   court
corte municipal *f*   municipal court
corte suprema *f*   supreme court
cortesía *f*   courtesy
costumbre *f*   custom
creación *f*   creation
crear   to create
crecer   to grow
crecimiento *m*   growth
crecimiento económico *m*   economic growth
credibilidad *f*   credibility
crédito *m*   credit
creencia *f*   belief
crítico *m*   critic
crónico   chronic
Cruz Roja Internacional *f*   International Red Cross
cualidad *f*   quality
cuenta de ahorros *f*   savings account
cuerpo *m*   body
cuerpo diplomático *m*   diplomatic corps
cuerpo legislativo *m*   legislative body
cuerpo político *m*   political body
cuestión *f*   question
cuidado *m*   care
cuidado médico *m*   medical care
cuidar   to take care of
culpable *m* or *f*   guilty person
culto *m*   cult
cultura *f*   culture
cumplimiento con la ley *m*   compliance with the law
cumplir   to fulfill
cuota *f*   due; quota
cupón alimenticio *f*   food stamp

D

dar fin   to terminate
darse la gana   to feel like
datar de   to date from
datos *m pl*   data
de acuerdo   in agreement
de buena fe   in good faith
debate *m*   debate
debate político *m*   political debate
debatir   to debate

debatir con la oposición   to debate with the opposition
década *f*   decade
decisión *f*   decision
declaración *f*   declaration
declaración de derechos *f*   Bill of Rights
declaración de guerra *f*   declaration of war
declaración final *f*   final declaration
declarar   to declare
declarar la independencia   to declare independence
dedicarse   to devote oneself
defender   to defend
defender su política   to defend his/her policy
defendible   defensible
defensa *f*   defense
defensa nacional *f*   national defense
definición *f*   definition
definir   to define
definitivo   definitive
dejar   to leave
delegado *m*   delegate
democracia *f*   democracy
demócrata *m* or *f*   democrat
democrático   democratic
depresión *f*   depression
derecho *m*   right, law
derecho de veto *m*   right of veto
derecho internacional *m*   international law
derechos básicos *m pl*   basic rights
derechos humanos *m pl*   human rights
derivar   to derive
derrocar   to overthrow
derrota *f*   defeat
desacuerdo *m*   disagreement
desaparecer   to disappear
desaparición *f*   disappearance
desarme *m*   disarmament
desarrollar   to develop
desarrollo *m*   development
desastre *m*   disaster
descentralización *f*   decentralization
desconformidad *f*   nonconformity
deseable   desirable
desembolso *m*   disbursement

desempeñar   to carry out (a duty)
desfile *m*   parade
desfile militar *m*   military parade
desigualdad *f*   inequality
desigualdad económica *f*   economic inequality
desintegración *f*   disintegration
déspota *m*   despot
déspota benévolo *m*   benevolent despot
destrucción *f*   destruction
destruido   destroyed
destruir   to destroy
desventaja *f*   disadvantage
desviar   to deviate
detallado   detailed
detallar   to detail
detalle *m*   detail
determinación *f*   determination
determinante   determining
determinar   to determine
diariamente   daily
diario   daily
dictador *m*   dictator
dictadura *f*   dictatorship
dictar un fallo   to pronounce a verdict
diferencia *f*   difference
diferencias sociales *f pl*   social differences
diferente   different
dificultad *f*   difficulty
dimensión *f*   dimension
dinámica *f*   dynamics
dinastía *f*   dynasty
diplomacia *f*   diplomacy
diplomático *m*   diplomat
diplomático   diplomatic
diputado *m*   delegate, member of congress
dirección *f*   direction
directo   direct
director *m*   director
dirigente *m* or *f*   leader
dirigir   to direct
disciplina *f*   discipline
disciplinado   disciplined
discreción *f*   discretion
discusión *f*   discussion
discutible   controversial
discutir   to discuss
disipar   to dissipate

disminución *f*   decrease
disminuir   to diminish
disolución *f*   dissolution
disolver   to dissolve
disolver el parlamento   to dissolve parliament
disponer   to dispose, have
disposición *f*   disposition
disputa *f*   dispute
distancia *f*   distance
distinción *f*   distinction
distinción de clases *f*   class distinction
distinguir   to distinguish
distribución *f*   distribution
distribución del poder *f*   distribution of power
distribuir   to distribute
diverso   diverse
dividir   to divide
división *f*   division
división étnica *f*   ethnic division
doctrina *f*   doctrine
doctrina aisladora *f*   isolationist doctrine
documento *m*   document
doméstico   domestic
dominado   dominated
dominante   dominant
dominar   to dominate
dominio *m*   dominion
droga *f*   drug
dueño *m*   owner
duplicación *f*   duplication

E

eco *m*   echo
economía *f*   economy
economía de libre mercado *f*   free-market economy
económico   economic
educación *f*   education
educación primaria *f*   primary education
educación pública *f*   public education
educación universitaria *f*   university education
educar   to educate
efecto *m*   effect
efectuar   to effect
eficaz   effective
eficiencia *f*   efficiency

egresos *m pl* expenditures
eje *m* axis
ejecutivo executive
ejercer to exercise
ejercer el veto to exercise a veto
ejercicio *m* exercise
ejercicio del poder *m* exercise of power
ejército *m* army
ejército de voluntarios *m* volunteer army
ejército de mercenarios *m* mercenary
army
elección *f* election
electo elected
electorado *m* electorate
electoral electoral
electricidad *f* electricity
elegir to elect, choose
elegir diputados to elect representatives
eliminación *f* elimination
eliminar to eliminate
élite *f* elite
élite comercial *f* business elite
elitista elitist
embajada *f* embassy
emitir to issue
empatía *f* empathy
emperador *m* emperor
empezar to begin
empleado *m* employee
empleado asalariado *m* salaried
employee
empleado del gobierno *m* government
employee
empleado estatal *m* state employee
empleado municipal *m* municipal
employee
emplear to employ
empleo de la fuerza *m* use of force
empresa *f* enterprise, business concern
empresa multinacional *f* multinational
enterprise
empresa privada *f* private enterprise
empresario *m* entrepreneur
emulativo emulating
en apoyo de in support of
en concierto in concert
en contra against
en gran escala large-scale
en lucha constante in constant battle

en manos de in the hands of
en oposición against
en pro in favor, for
en vías de desarrollo developing
(country)
encargo *m* job, assignment
encontrar to find
encontrarse to be situated
endémico endemic
enemigo *m* enemy
energía *f* energy
energía atómica *f* atomic energy
énfasis *m* emphasis
enfatizar to emphasize
enfermedad *f* illness
enfermo sick
enfocar to focus
enfrentar to confront
enlace *m* connection, link
enmendar to amend
enmienda *f* amendment
enmienda a la constitución *f* amendment
to the constitution
enseñar to teach
entero whole
entidad *f* entity
entidades comerciales *f pl* business
entities
entrada *f* entrance, access
entrega *f* delivery
entregar to deliver
enunciar to enunciate
época *f* era, age
equilibrio del poder *m* balance of
power
error *m* error
escaño *m* seat (in Parliament, Congress)
escaso scarce
escenario *m* scenario, stage
escenario global *m* global stage
escoger to choose
esfera *f* sphere
esfera política *f* political sphere
esparcir to spread, scatter
especial special
especialista *m or f* specialist
especializarse to specialize
específico specific
espionaje *m* espionage

espíritu *m*   spirit
esquema *m*   schema, outline
estabilidad *f*   stability
estabilidad social *f*   social stability
estable   stable
establecer   to establish
establecimiento *m*   establishment
estado *m*   state
Estado autónomo *m*   autonomous State
Estado moderno *m*   modern State
estallar   to break out
estar de acuerdo   to agree
estatal   pertaining to the state
estipular   to stipulate
estrechamente   closely
estructura *f*   structure
estudiar   to study
estudio *m*   study
etapa *f*   stage
etnicidad *f*   ethnicity
étnico   ethnic
evento *m*   event
evidencia *f*   evidence
evidenciar   to prove, show
evitar   to avoid
evolución *f*   evolution
evolucionar   to evolve
examinar   to examine
exceder   to exceed
exceso *m*   excess
existencia *f*   existence
existente   existing
existir   to exist
éxito *m*   success
expansión *f*   expansion
explicación *f*   explanation
explosivo   explosive
explotación *f*   exploitation
explotación continua *f*   continuous
    exploitation
explotar   to exploit
expresar   to express
expresión *f*   expression
extender   to extend
extensión *f*   extension
exterior   exterior, foreign
externo   external
extranjero   foreign
extremo *m*   extreme

F

fábrica *f*   factory
fácil   easy
facilitar   to facilitate
factor *m*   factor
fallecer   to die
falta *f*   lack
familia *f*   family
faraón *m*   Pharaoh
favorable   favorable
favorecer   to favor
fecha *f*   date
federal   federal
federalismo *m*   federalism
federativo   federative
felicidad *f*   happiness
fenómeno *m*   phenomenon
ferrocarril *m*   railroad
fetichismo *m*   fetishism
feudal   feudal
filosofía *f*   philosophy
fin *m*   end; goal
financiamiento *m*   financing
financiar   to finance
financiero   financial
fines sociales *m pl*   social goals
firma *f*   signature
firmante *m* or *f*   signer
firmar   to sign
firmeza *f*   firmness
físico   physical
flexibilidad *f*   flexibility
fluctuar   to fluctuate
foco *m*   focus
fomentar   to promote
fondos *m pl*   funds
fondos del gobierno *m pl*   government
    funds
forjar un convenio   to forge an agreement
forma *f*   form, shape
formación *f*   training
formal   formal
formalizar   to formalize
formar   to form
formulación *f*   formulation
formulado   formulated
formular   to formulate
formular las políticas   to formulate
    policies

formulario *m*   form
foro *m*   forum
fracasar   to fail
fracaso *m*   failure
fraternidad *f*   fraternity
frecuencia *f*   frequency
frente *m*   front
Frente de liberación nacional *m*
    National Liberation Front
frontera *f*   border
fronteras arbitrarias *f pl*   arbitrary
    borders
fruto *m*   fruit, result
fuente *f*   source
fuerza *f*   force, strength
fuerza armada *f*   armed force
fuerza física *f*   physical force
fuerza laboral *f*   work force
función *f*   function
función política *f*   political function
funcionar   to function
fundación *f*   foundation
fundamental   basic, fundamental
fundamento *m*   foundation
fundar   to found

G

gabinete *m*   cabinet
gama *f*   gamut
ganancia *f*   gain
ganar   to win
garantía *f*   guarantee
garantizar   to guarantee
gas *m*   gas
gastar   to spend
general   general
geografía *f*   geography
geográfico   geographical
gesto *m*   gesture
global   global
gloria *f*   glory
gobernante *m* or *f*   ruler, governor
gobernar   to govern, rule
gobierno *m*   government
gobierno central *m*   central government
gobierno centralizado *m*   centralized
    government
gobierno del condado *m*   county
    government

gobierno estatal *m*   state government
gobierno federal *m*   federal government
gobierno legítimo *m*   legitimate
    government
gobierno local *m*   local government
gobierno municipal *m*   city government,
    municipal government
gobierno nacional *m*   national
    government
gobierno provincial *m*   provincial
    government
gobierno regional *m*   regional
    government
gobierno soberano *m*   sovereign
    government
gozar de   to enjoy
grado *m*   degree
grado de control *m*   degree of control
grado de cooperación internacional *m*
    degree of international cooperation
grandes potencias *f pl*   the Great Powers
gravar   to tax, levy
gremio *m*   guild; trade union
grupo *m*   group
grupo étnico *m*   ethnic group
grupo rebelde *m*   rebellious group
grupos de interés especial *m pl*   special
    interest groups
grupos de presión *m pl*   pressure groups
grupos exteriores *m pl*   outside groups
guardar   to keep
guardería infantil *f*   day care center
gubernamental   governmental
guerra *f*   war
guerra civil *f*   civil war
guerra mundial *f*   world war
guerrilla *f*   guerrilla
guía *f*   guide
guiar   to guide, lead

H

habilidad *f*   ability
habitante *m* or *f*   inhabitant
habitar   to inhabit
hacer cara a   to face up to
hacer daño   to harm
hallar   to find
hambre *f*   hunger
hecatombe *f*   hecatomb, slaughter

hegemonía f   hegemony
heredar   to inherit
hereditario   hereditary
herencia f   inheritance
heterogéneo   heterogeneous
higiene f   hygiene, health
historia f   history
historiador m   historian
homogéneo   homogeneous
honra f   honor
horario m   schedule
hospital m   hospital
hostil   hostile
huelga f   strike
huelga general f   general strike
humanidad f   humanity
humano   human
humillación f   humiliation
humillar   to humiliate
humor m   humor

I

idea f   idea
ideal de la democracia m   democratic
   ideal
idéntico   identical
identificación f   identification
identificar   to identify
ideología f   ideology
ideología política f   political ideology
idiosincrasia f   idiosyncrasy
igual   equal
igualdad f   equality
igualdad de oportunidad f   equal
   opportunity
ilegal   illegal
ilegítimo   illegitimate
imagen f   image
imagen positiva f   positive image
imitar   to imitate
imitatorio   imitating, imitative
impacto m   impact
impacto global m   global impact
imparcial   impartial
imparcialidad f   impartiality
impedimento m   impediment
impedir   to impede
imperialismo m   imperialism
imperio m   empire

impersonal   impersonal
implementación f   implementation
implementación de política f
   implementation of policy
implementar   to implementar
imponer   to impose
imponer sanciones   to impose sanciones
importación f   importation
importancia f   importance
importar   to import
imposición f   imposition
impotencia f   impotence
impotente   impotent, powerless
imprescindible   indispensable
impresión f   impression
impuesto m   tax
impuesto al valor agregado m   value
   added tax
impuesto sobre ventas m   sales tax
inaceptable   unacceptable
incapacitado m   disabled (handicapped)
   person
incentivo m   incentive
incluir   to include
inclusión f   inclusion
incompatibilidad f   incompatibility
incompetencia f   incompetence
incumplimiento m   noncompliance
independencia f   independence
independentista   pro-independence
independiente   independent
indicar   to indicate
indispensable   indispensable
individual   individual
individuo m   individual
indulgente   indulgent
industria f   industry
industrial m   industrialist
industrializado   industrialized
inestabilidad f   instability
inevitable   unavoidable
inexistente   nonexistent
inflacionario   inflationary
influencia f   infuence
influir   to influence
información f   information
informalidad f   informality
informar   to inform
informativo   informative

informe *m*   report
ingresos *m pl*   income
inherente   inherent
iniciar   to initiate
iniciativa *f*   initiative
inicio *m*   beginning
inmunidad *f*   immunity
inmunidad diplomática *f*   diplomatic immunity
inscribirse   to enroll, join
insignia *f*   seal
inspirar   to inspire
instalar   to install
institución *f*   institution
institución autónoma *f*   autonomous institution
institución social *f*   social institution
institucionalizar   to institutionalize
instrumento *m*   instrument
integridad *f*   integrity
integridad territorial *f*   territorial integrity
íntegro   whole
intelectual *m* or *f*   intellectual
intención *f*   intention
intenso   intense
intento *m*   attempt
interacción *f*   interaction
interacción diplomática *f*   dipomatic interaction
intercambio *m*   exchange
intercambio académico *m*   academic exchange
intercontinental   intercontinental
interdependencia *f*   interdependence
interés *m*   interest
interesar   to interest
intereses globales *m pl*   global interests
intereses nacionales *m pl*   national interests
interferencia *f*   interference
interferir   to interfere
intergubernamental   intergovernmental
interino   temporary, provisional, interim
intermitente   intermittent
internacional   international
interno   internal
interpretación *f*   interpretation
interpretar   to interpret

interrumpido   interrupted
interrumpir   to interrupt
intervención *f*   intervention
intervención del gobierno *f*   government intervention
intervención psiquiátrica *f*   psychiatric intervention
intervencionista   interventionist
intervenir   to intervene
intolerable   intolerable, unbearable
intriga *f*   intrigue
intromisión *f*   meddling, intrusion
invadir   to invade
invalidar   to invalidate
inválido   invalid
invasión *f*   invasion
invasor *m*   invader
inversión *f*   investment
investigación *f*   investigation
involucrar   to involve

J

jefe *m*   boss, chief
jefe de misión *m*   mission chief
jubilado *m*   retired person
juez *m*   judge
jugar un papel   to play a role
juicio *m*   trial, lawsuit
jurisdicción *f*   jurisdiction
jurista *m* or *f*   jurist; lawyer
justicia *f*   justice
juzgar   to judge

L

laborista *m* or *f*   Labor Party member
latente   latent
leal   loyal
lealtad *f*   loyalty
legal   legal
legalización *f*   legalization
legalización de las drogas *f*   legalization of drugs
legislación *f*   legislation
legislar   to legislate
legislativo   legislative
legislatura *f*   legislature
legitimidad *f*   legitimacy
legitimidad procesal *f*   procedural legitimacy

legítimo   legitimate
lema *m*   seal, emblem; slogan
lengua *f*   language
lenguaje diplomático *m*   diplomatic
  language
levantamiento *m*   uprising
levantarse   to rise up
ley *f*   law
ley escrita *f*   written law
liberación *f*   liberation
liberal   liberal
liberalismo *m*   liberalism
libertad *f*   freedom
libertad de asamblea *f*   freedom of
  assembly
libertad de expresión *f*   freedom of
  expression
libertad de palabra *f*   freedom of speech
libertad de religión *f*   freedom of religion
libertad, igualdad y fraternidad *f*
  liberty, fraternity, and equality
libre   free
líder *m*   leader
líder carismático *m*   charismatic leader
líder del partido *m*   party leader
líder militar *m*   military leader
líder político *m*   political leader
limitado   limited
limitar   to limit
límite *m*   limit
límites de aguas territoriales *m pl*
  territorial water limits
linaje *m*   lineage
línea *f*   line
línea aérea *f*   airline
lingüístico   linguistic
litigante *m* or *f*   litigant
litigar   to litigate
litigio *m*   lawsuit
local   local
lograr   to attain
lucha *f*   fight, struggle
lucha de clases *f*   class struggle
lucha de guerrillas *f*   guerrilla war
luchar   to fight

LL
llegar al poder   to rise to power
llevar a cabo   to carry out

M
mandar   to command, order
mandato *m*   mandate; term in office
manera *f*   way
manifestación *f*   manifestation;
  demonstration
manifestar   to manifest
maniobra *f*   maneuver
mano de obra *f*   manpower
mantener   to maintain
mantenimiento *m*   maintenance
manufacturado   manufactured
mapa *m*   map
máquina *f*   machine
marco *m*   background
margen *m*   margin
margen de maniobra *m*   maneuvering
  margin
masa *f*   mass
masacre *m*   massacre
masivo   massive
matar   to kill
materia prima *f*   raw material
materialismo *m*   materialism
matrimonio *m*   marriage
maximizar   to maximize
maximizar los beneficios   to maximize
  profits
máximo *m*   maximum
mayor   older
mayoría *f*   majority
medicina *f*   medicine
médico   medical
medida *f*   measure
medieval   medieval
medio ambiente *m*   environment
medios *m pl*   media; means
medios de comunicación masiva *m pl*
  mass media
medios de distribución *m pl*   means of
  distribution
medios de producción *m pl*   means of
  production
medios informativos *m pl*   information
  media
medios pacíficos *m pl*   peaceful means
medir   to measure
memorando *m*   memorandum
mención *f*   mention

mencionar to mention
menor minor
mentalidad *f* mentality
mercado *m* market
Mercado de Valores *m* Stock Market
merced *f* grace
mercenario *m* mercenary
meta *f* goal
método *m* method
metodología *f* methodology
miedo *m* fear
miembro *m* member
militar military
mina *f* mine
minar to undermine, destroy
minería *f* mining
mínimo *m* minimum
ministerio *m* ministry, government
   department
Ministerio de Agricultura *m* Ministry of
   Agriculture
Ministerio de Asuntos Exteriores *m*
   Ministry of Foreign Affairs
ministro *m* minister
misa *f* mass
miserable miserable
misil *m* missile
misil intercontinental *m* intercontinental
   missil
misión *f* mission
misión militar *f* military mission
misión permanente *f* permanent mission
mismo same
modelo *m* model
modelo conflictivo *m* conflictive model
modelo elitista *m* elitist model
modernizar to modernize
moderno modern
modestia *f* modesty
modificar to modify, change
monarca *m* monarch
monarquía *f* monarchy
monarquía absoluta *f* absolute monarchy
moneda *f* currency
monetario monetary
monopolio *m* monopoly
moral *f* morality
moral pública *f* public morality
morir to die

motivación *f* motivation
motivar to motivate
mover to move
movilización *f* mobilization
movilización de las masas *f* mass
   mobilization
movimiento *m* movement
movimiento independentista *m*
   independence movement
movimiento político *m* political
   movement
movimiento por la paz *m* peace
   movement
movimiento de liberación nacional *m*
   national liberation movement
multilateral multilateral
multinacional multinational
múltiple multiple
multiplicar to multiply
multipolar multipolar
multitud *f* multitude
mundo *m* world
municipal municipal
municipio *m* municipality
mutuo mutual

N

nacer to be born
nacimiento *m* birth
nación *f* nation
nación-estado *f* nation-state
nacional national
nacionalismo *m* nationalism
Naciones Unidas *f pl* United Nations
napoleónico Napoleonic
naturaleza *f* nature
navegable navigable
nazi *m* or *f* Nazi
necesidad *f* need
necesitado *m* needy person
necesitar to need
negociación *f* negotiation
negociaciones bilaterales *f pl* bilateral
   negotiations
negocios *m pl* business
neutralidad *f* neutrality
nivel *m* level
nivel de desarrollo *m* level of
   development

nivel de vida *m*   standard of living
no alineamiento *m*   nonalignment
no confianza   no confidence
no gubernamental   nongovernmental
noble *m* or *f*   noble
nobles feudales *m pl*   feudal lords
noción *f*   notion
nombrar   to nominate
norma *f*   norm
notar   to note
nuclear   nuclear
nuevo orden mundial *m*   new world order
nulo   null

O

obedecer   to obey
obediencia *f*   obedience
objetivo *m*   objective
objeto *m*   object
obligación legal *f*   legal obligation
obligado   compelled, obliged
obligar   to oblige, compel
obligatorio   mandatory, obligatory
obrar   to act; to work
obrero *m*   worker, laborer
obrero diestro *m*   skilled laborer
observación *f*   observation
obvio   obvious
ocurrencia *f*   occurrence
ocurrir   to occur
odiado   hated
ofender   to offend
ofensa *f*   offense
oficial   official
oficial del partido *m*   party official
oficial electo *m*   elected official
oficial local *m*   local official
opción *f*   option
operación *f*   operation
opinión *f*   opinion
opinión pública *f*   public opinion
oponer   to oppose
oportunidad *f*   opportunity
oposición *f*   opposition
oprimido   oppressed
optar   to opt
oral   oral
orden *m*   order
orden público *m*   public order

orden social *m*   social order
organismo *m*   organism
organización *f*   organization
Organización de las Naciones Unidas (ONU) *f*   United Nations Organization (UNO)
Organización de los Estados Americanos (OEA) *f*   Organization of American States (OAS)
Organización de Países Exportadores de Petróleo (OPEP) *f*   Organization of Petroleum Exporting Countries (OPEC)
Organización del Tratado del Atlántico Norte (OTAN) *f*   North Atlantic Treaty Organization (NATO)
organización internacional *f*   international organization
organización política *f*   political organization
organizar   to organize
órgano *m*   organ
orgullo *m*   pride
origen *m*   origin
originar   to originate
orquesta *f*   orchestra
otorgar   to grant, concede

P

pacto *m*   pact
pacto de no agresión *m*   nonagression pact
pagar cuotas   to pay dues
país *m*   country
país industrializado *m*   industrialized country
países alineados *m pl*   aligned nations
paradigma *m*   paradigm
parcialidad *f*   partiality
parlamentario   parliamentary
parlamento *m*   parliament
parte *f*   part; party
participación *f*   participation
participación directa *f*   direct participation
participante *m* or *f*   participant
participar   to participate
partida *f*   departure, group
partidario *m*   partisan, follower
partido de coalición *m*   coalition party

partido dominante *m*   dominant party
partido liberal *m*   liberal party
partido local *m*   local party
partido político *m*   political party
partido revolucionario *m*   revolutionary party
partido único *m*   one party
partidos múltiples *m pl*   multiple parties
paso *m*   step
patente   patent, evident
patria *f*   country, native land
patriota *m* or *f*   patriot
patriotismo *m*   patriotism
patrocinar   to sponsor
patrón *m*   pattern
patrones de conducta *m pl*   patterns of conduct, behavior patterns
patrono *m*   boss
paz *f*   peace
pedir   to ask for
penetrar   to penetrate
penetrativo   penetrating, penetrative
pensamiento *m*   thought
pensionado *m*   pensioner
perder   to lose
pérdida *f*   loss
período *m*   period
período probatorio *m*   probationary period
perjudicial   harmful, damaging
permanecer   to remain
permanencia *f*   permanence
permanente   permanent
permiso *m*   permission
permitir   to allow
persona jurídica *f*   judicial person
personaje *m*   personage, character
personal   personal
persuadir   to persuade
persuasión *f*   persuasion
pertenecer   to belong
petición *f*   petition
petróleo *m*   oil
piloto *m*   pilot
placer *m*   pleasure
plan *m*   plan
plan de acción *m*   action plan
planificar   to plan
planta *f*   plant

pleito *m*   lawsuit
pluralista   pluralist
población *f*   population
población civil *f*   civil population
poblar   to populate
pobreza *f*   poverty
pobreza crónica *f*   chronic poverty
pobreza endémica *f*   endemic poverty
poder *m*   power
poder absoluto *m*   absolute power
poder de las leyes *m*   power of laws
poder ejecutivo *m*   executive power
poder latente *m*   implicit power
poder militar *m*   military power (might)
poder patente *m*   manifest power
poder político *m*   political power
poderoso   powerful
policía *f*   police force
política *f*   politics; policy
política agrícola *f*   farm policy
política alta *f*   high politics
política baja *f*   low politics
política de no alineamiento *f*   policy of nonalignment
política de seguridad *f*   security policy
política del partido *f*   party policy
política exterior *f*   foreign policy
política interna *f*   internal politics; internal policy
política internacional *f*   international policy
política local *f*   local politics
política monetaria *f*   monetary policy
política nacional *f*   national politics; national policy
política tributaria *f*   tax policy
político   political
poner en práctica   to put into practice, implement
porcentaje *m*   percentage
porción *f*   portion
pornografía *f*   pornography
posibilidad *f*   possibility
posibilitar   to make possible
posición *f*   position
positivo   positive
postal *f*   postcard
postal   postal
postulado *m*   postulate

postular   to postulate
postura *f*   posture
potencia *f*   power
práctica *f*   practice
práctica aceptada *f*   accepted practice
precedencia *f*   precedence
precepto *m*   precept
precio *m*   price
precipitar   to precipitate
precisión *f*   precision
preciso   precise
preconcebido   preconceived
precursor *m*   precursor, forerunner
predisponer   to predispose
predisposición *f*   predisposition
preeminencia *f*   preeminence
preeminente   preeminent
preindustrial   preindustrial
prejuicio *m*   prejudice
premisa *f*   premise
prenatal   prenatal
prensa *f*   press
preocupación *f*   preoccupation
presencia *f*   presence
presentar   to present
presentar propuestas   to present
  proposals
presentarse como candidato   to run as a
  candidate
presidencia *f*   presidency
presidencial   presidential
presión *f*   pressure
presión política *f*   political pressure
préstamo *m*   loan
presupuesto *m*   budget
primario   primary, elementary
primer ministro *m*   prime minister
primitivo   primitive
principio *m*   principle
principio fundamental *m*   fundamental
  principle
principios jurídicos *m*   judicial principles
prioridad *f*   priority
prisionero *m*   prisoner
privado   private
privilegio *m*   privilege
probatorio   probationary
problema *m*   problem
problema interno *m*   internal problem

procedimiento *m*   procedure
procedimientos electorales *m pl*
  electoral procedures
procesal   procedural
proceso *m*   process; trial
proceso de cambio *m*   process of change
proceso de unificación *m*   process of
  unification
proceso legal *m*   legal process
proclamar   to proclaim
producción *f*   production
producir   to produce
producto *m*   product
producto nacional bruto (PNB) *m*   gross
  national product (GNP)
profanado   profaned
profesor *m*   professor
programa *m*   program, plan
programa de acción *m*   action plan
programa de ayuda exterior *m*   foreign
  aid program
prohibición *f*   prohibition
prohibir   to forbid
prójimo *m*   neighbor
proletariado *m*   proletariat
proliferación *f*   proliferation
promesa *f*   promise
prometer   to promise
promoción *f*   promotion
promover   to promote
pronunciar   to pronounce
propaganda *f*   publicity, propaganda
propensión *f*   propensity, tendency
propiedad *f*   property
propiedad privada *f*   private property
propietario *m*   proprietor, owner
propio   own
propio beneficio *m*   one's own benefit
propio interés *m*   self-interest
proponente *m* or *f*   proponent
proponer   to propose
proporción *f*   proportion
proporcional   proportionate
proposición *f*   proposition
propuesta *f*   proposal; proposition
proscripción *f*   proscription, prohibition,
  outlawing
protagonista *m* or *f*   protagonist
protección *f*   protection

protección militar *f*   military protection
protectorado *m*   protectorate
protectorado británico *m*   British
  protectorate
proteger   to protect
protocolo *m*   protocol
proveer   to provide
provincia *f*   province
provincial   provincial
provisión *f*   provision
provocador *m*   provoker, provocateur
proyecto *m*   project
proyecto de ley *m*   bill
psiquiátrico   psychiatric
público   public
pueblo *m*   people; village
puesto *m*   position, job
puesto hereditario *m*   hereditary position
punto *m*   point
punto de partida *m*   point of departure
punto de vista *m*   viewpoint

Q

quema de la bandera *f*   flag burning
quitar   to take away

R

racional   rational
radical   radical
radio *f*   radio
rama *f*   branch
rama ejecutiva *f*   executive branch
rama legislativa *f*   legislative branch
rango *m*   rank
rápido   fast, rapid
ratificación *f*   ratification
ratificación subsiguiente *f*   subsequent
  ratification
ratificar   to ratify
razonable   reasonable
razonamiento *m*   reasoning
razonamiento político *m*   political
  reasoning
reacción *f*   reaction
reaccionario   reactionary
reactivo   reactive
realidad *f*   reality
rebelarse   to rebel
rebelde   rebellious

rebelión *f*   rebellion
recapitulación *f*   recapitulation
recaudar   to collect
rechazo *m*   rejection
reciente   recent
recipiente *m* or *f*   recipient
reclutar   to recruit
recompensa *f*   reward
recompensar   to reward
reconocer   to recognize; to acknowledge
reconocimiento *m*   recognition
reconocimiento público *m*   public
  recognition
reconstrucción *f*   reconstruction
reconstruir   to rebuild
recurrente   recurring
recurrir   to appeal to, resort to
recursos *m pl*   resources
recursos militares *m pl*   military
  resources
red *f*   network
red de carreteras *f*   highway network,
  highway system
red de espionaje *f*   espionage network
redistribución *f*   redistribution
redistribución de rentas *f*   income
  redistribution
reducción *f*   reduction
reducción en impuestos *f*   tax reduction
reducido   reduced
reducir   to reduce
reelecto   reelected
reemplazar   to replace
reflejar   to reflect
reforma *f*   reform
regeneración *f*   regeneration
regenerar   to regenerate
regido   ruled
régimen *m*   regime
régimen represivo *m*   repressive regime
región *f*   region
regional   regional
regionalismo *m*   regionalism
regir   to rule
regla *f*   rule
reglamentación *f*   regulation
reglamentar   to regulate
reglamento *m*   regulation
reglas de cortesía *f pl*   rules of courtesy

reglas de protocolo *f pl*   rules of protocol
regular   regular
regular   to regulate
regulatorio   regulatory
reina *f*   queen
Reino Unido *m*   United Kingdom
relación *f*   relation
relaciones diplomáticas normales *m pl*
    normal diplomatic relations
relaciones exteriores *f pl*   foreign
    relations
relaciones internacionales *f pl*
    international relations
religión *f*   religion
rendir   to yield, render
renta *f*   rent; income
renta nacional *f*   national income
repartición *f*   distribution
repartir   to distribute
represalia *f*   retaliation
representación *f*   representation
representante *m* or *f*   representative
represivo   repressive
república *f*   republic
República soviética *f*   Soviet Republic
republicano *m*   republican
requerir   to require
requisito *m*   requisite, requirement
residencia *f*   residence
residente *m* or *f*   resident
residente extranjero *m*   foreign resident
residir   to reside
resolución *f*   resolution
resolver   to resolve, solve
resolver la disputa   to resolve the dispute
respetado   respected
respetar   to respect
respeto *m*   respect
respeto por la ley *m*   respect for the law
responsabilidad *f*   responsibility
responsabilidad directa *f*   direct
    responsibility
responsabilidad mutua *f*   mutual
    responsibility
responsable   responsible
restablecer   to reestablish
restablecimiento *m*   reestablishment
restauración *f*   restoration
restaurar   to restore

restricción *f*   restriction
restringir   to restrict
resultado *m*   result
resultar   to result
resumen *m*   summary
resumir   to summarize
reunión *f*   meeting
reunirse   to meet
revaluación *f*   reevaluation
reverencia *f*   reverence
revisar   to review
revolución *f*   revolution
revolución armada *f*   armed revolution
revolución de las masas *f*   revolution of
    the masses
revolución del proletariado *f*   revolution
    of the proletariat
Revolución industrial *f*   Industrial
    Revolution
revolucionario   revolutionary
rey *m*   king
rico *m*   rich (wealthy) person
riesgo *m*   risk
rígido   rigid
riguroso   rigorous
riqueza *f*   wealth
ritmo *m*   rhythm
rito *m*   rite
rival *m* or *f*   rival
rivalidad *f*   rivalry
rivalidad económica *f*   economic rivalry
rivalizar   to rival
romano   Roman
ruinas *f pl*   ruins
ruptura *f*   split
rural   rural

S

sacrificar   to sacrifice
sacrificio *m*   sacrifice
sagrado   sacred
salud *f*   health
saludar   to greet
saludo *m*   greeting
salvación *f*   salvation
salvar   to save
sanción *f*   sanction
sanción legal *f*   legal sanction
sancionar   to sanction

sangriento   bloody
sano   sane
satisfacción f   satisfaction
satisfacer   to satisfy
sección f   section
secta f   sect
secuencia f   sequence
secuencia recurrente de comportamiento
   f   recurring sequence of behavior
secularización f   secularization
secundario   secondary
sede f   seat, headquarters
seguir   to follow
según   according to
seguridad f   security; safety
seguridad colectiva f   collective security
seguridad económica f   economic
   security
seguridad nacional f   national security
Seguro Social m   Social Security
selección f   selection
sencillo   simple
sensibilidad f   sensibility, sensitivity
separación f   separation
separatista m or f   separatist
ser m   being
ser divino m   divine being
serie f   series
servicio m   service
servicio médico m   medical service
servicio militar m   military service
servir   to serve
siervo m   servant
siglo m   century
significado m   meaning
simbólico   symbolic
símbolo m   symbol
similar   similar
sindicato m   labor union
sindicato laboral m   labor union
sirviente m   servant
sistema m   system
sistema de dos partidos m   two-party
   system
sistema de partidos m   party system
sistema de partidos múltiples m
   multiparty system
sistema de Seguro Social m   Social
   Security system

sistema económico capitalista m
   capitalist economic system
sistema electoral m   electoral system
sistema feudal m   feudal system
sistema parlamentario m   parliamentary
   system
sistema presidencial m   presidential
   system
sistema tributario progresivo m
   progressive tax system
sistemático   systematic
sistémico   systemic
situación f   situation
soberanía f   sovereignty
soberanía del Estado f   State sovereignty
soberano   sovereign
sobrevivir   to survive
socavar   to undermine
socialismo m   socialism
socialista m or f   socialist
sociedad f   society
Sociedad de Naciones f   League of
   Nations
sociedad democrática f   democratic
   society
sociedad global f   global society
sociedad mundial f   world society
sociedad preindustrial f   preindustrial
   society
sociedad primitiva f   primitive society
socio m   member
sociología f   sociology
sociólogo m   sociologist
sofocar   to stifle, put down
soldado m   soldier
soler   to use to, be in the habit of
solución f   solution
someter   to submit
sospechar   to suspect
statu quo m   status quo
status m   status
status legal m   legal status
subcontinente m   subcontinent
súbdito m   subject (to authority)
subordinado   subordinated
subscribir   to subscribe
subsidio m   subsidy
subsidios con condiciones m pl
   conditional subsidies

subyugación *f*   subjection, subyugation
suceder   to succeed; to happen
suceso *m*   event
sucesor *m*   successor
sucursal *f*   branch (office)
sueldo *m*   salary, wage
sueldo mínimo *m*   minimum wage
sufrimiento *m*   suffering
sufrir   to suffer
suicidio *m*   suicide
sujeto *m*   subject
suma *f*   sum, total
suma de las partes *f*   sum of the parts
superior   superior
superpoblado   overpopulated
supervivencia *f*   survival
supremacía *f*   supremacy
supremo   supreme
surgimiento *m*   rise
surgir   to arise, emerge, appear
sutil   subtle

T

talento *m*   talent
tamaño *m*   size
tanque *m*   tank
tarifa *f*   rate; fare; tariff; price list
tarifa arancelaria *f*   duty (customs') tariff
tarifas postales internacionales *f pl*
   international postal rates
tarjeta de afiliación *f*   membership card
tasa *f*   rate
tasa de interés *f*   interest rate
técnico   technical
teléfono *m*   telephone
telégrafo *m*   telegraph
televisión *f*   television
tema *m*   subject, theme
temporero   temporary
tendencia *f*   tendency
tendencia inflacionaria *f*   inflationary
   tendency
tender   to tend to
tener fuerza de ley   to have the force of
   law
tentativa *f*   attempt
tentativa armada *f*   armed attempt
teología *f*   theology
teólogo *m*   theologian

teoría *f*   theory
teoría de la dependencia *f*   theory of
   dependence
teoría económica *f*   economic theory
teoría política *f*   political theory
teórico *m*   theorist
Tercer Mundo *m*   Third World
término *m*   term
terminología *f*   terminology
terminología diplomática *f*   diplomatic
   terminology
termonuclear   thermonuclear
territorial   territorial
territorio *m*   territory
territorio nacional *m*   national territory
tierra *f*   land
típico   typical
tipo *m*   type
título *m*   title
título municipal *m*   municipal bond
toma de decisiones *f*   decision making
tomar el poder   to take power
total   total
trabajador *m*   laborer, worker
tradición *f*   tradition
tradicional   traditional
tráfico *m*   traffic
tráfico aéreo *m*   air traffic
tranquilidad *f*   tranquility
transacción *f*   transaction
transcendental   transcendental
transferencia *f*   transfer
transferencia de recursos *f*   transfer of
   resources
transferir   to transfer
transformación *f*   transformation
transformar   to transform
transportar   to transport
transporte *m*   transportation
transporte aéreo *m*   air transport
trasladarse   to move, change abode
tratado *m*   treaty
tratado de paz *m*   peace treaty
trato *m*   treatment
tremendo   tremendous
tribunal *m*   court
Tribunal Internacional de Justicia *m*
   International Court of Justice
tributo *m*   tax

triunfar   to triumph
triunfo *m*   triumph
trono *m*   throne
tropa *f*   troop
turismo *m*   tourism
turista *m* or *f*   tourist

U

unánime   unanimous
unidad *f*   unity
unidad política *f*   political unity
unificación *f*   unification
uniforme   uniform
uniformidad *f*   uniformity
unilateral   unilateral
unionismo *m*   unionism
unir   to join
universalidad *f*   universality
universalmente   universally
universidad *f*   university
universitario   pertaining to a university
usar   to use
uso *m*   use
utilizar   to utilize

V

valor *m*   value
variar   to vary
variedad *f*   variety
vasallo *m*   vassal; subject
vasco *m*   Basque (person)
vecino *m*   neighbor

vencer   to overcome
vender   to sell
veneración *f*   worship
venerar   to venerate, worship
ventaja *f*   advantage
verdadero   true
versión *f*   version
veto *m*   veto
victoria *f*   victory
victorioso   victorious
vida *f*   life
vida comunitaria *f*   community life
vigente   in force
vinculado   linked
violento   violent
visitar   to visit
viuda *f*   widow
vivienda *f*   living accommodation, dwelling
vivir   to live
voluntario *m*   volunteer
votación abierta *f*   open vote
votar   to vote
votar en un bloque   to vote in a block
voto *m*   vote
voto de no confianza *m*   vote of no confidence

Z

zar *m*   czar
zona *f*   zone

ENGLISH-SPANISH VOCABULARY

A

abandon   abandonar
ability   la habilidad
abnormal   anormal
abnormal situation   la situación anormal
abolish   abolir
abolition   la abolición
abortion   el aborto
absence   la ausencia
absolute   absoluto
absolute authority   la autoridad absoluta
absolute monarchy   la monarquía
   absoluta
absolute power   el poder absoluto
abstain   abstenerse
abstract   abstracto
abuse   abusar
abuse   el abuso
academic   académico
academic exchange   el intercambio
   académico
accelerated   acelerado
accept   aceptar
acceptable   aceptable
acceptance   la aceptación
accepted   aceptado
accepted practice   las prácticas aceptadas
access   el acceso; la entrada
access to the sea   el acceso al mar
accommodate   acomodar
accord   el acuerdo
according to   según
accumulate   acumular
accumulation   la acumulación
accumulation of wealth   la acumulación
   de riqueza
acknowledge   reconocer
acquire   adquirir
acquisition   la adquisición
act   obrar

action   la acción
action plan   el programa de acción, el
   plan de acción
activity   la actividad
actor   el actor
adapt   adaptar
adaptation   la adaptación
adjoining   contiguo
adjust   ajustar
administration   la administración
administrative   administrativo
admire   admirar
advance   avanzar, adelantar
advanced   avanzado
advantage   la ventaja
advise   aconsejar
advocate   abogar
aerial   aéreo
affair   el asunto
affect   afectar
affection   el afecto
affiliate   el afiliado
affirm   afirmar
affirmation   la afirmación
against   en contra, en oposición
age   la época
agency   la agencia
agent   el (la) agente
aggression   la agresión
agree   estar de acuerdo; acordar,
   consentir, convenir
agreement   el acuerdo, el consentimiento;
   el convenio
agriculture   la agricultura
aid   la ayuda
air traffic   el tráfico aéreo
air transport   el transporte aéreo
airline   la línea aérea
align   alinear
aligned   alineado

aligned nations   los países alineados
alignment   el alineamiento
alliance   la alianza
allow   permitir
ally   el aliado
alternate   alternar
alternative   la alternativa
amalgam   la amalgama
ambiguity   la ambigüedad
amend   enmendar
amendment   la enmienda
amendment to the constitution   la enmienda a la constitución
Amnesty International   la Amnistía Internacional
analysis   el análisis
analyze   analizar
anarchic   anárquico
ancestral   ancestral
ancient   antiguo
ancient civilization   la civilización antigua
announce   anunciar
announcement   el anuncio
annual   anual
Annual Party Convention   el Congreso anual del partido
antagonistic   antagónico
antecedent   el antecedente
anthropology   la antropología
apart   aparte
apparatus   el aparato
appeal   apelar; recurrir a
appear   aparecer; surgir
appear in court   comparecer ante la corte
appearance   la apariencia; la aparición
application   la aplicación
apply   aplicar
approve   aprobar
arbitrariness   la arbitrariedad
arbitrary   arbitrario
arbitrary borders   las fronteras arbitrarias
archduke   el archiduque
architect   el arquitecto
area   el área; el campo; el ámbito
argue   argüir
argument   el argumento

arise   surgir
aristocracy   la aristocracia
arm   armar
armed   armado
armed attempt   la tentativa armada
armed force   la fuerza armada
armed revolution   la revolución armada
arms race   la carrera de armamentos
army   el ejército
arsenal   el arsenal
article   el artículo
artisan   el artesano
ask for   pedir
aspect   el aspecto
assembly   la asamblea
assignment   el encargo
assistance   la asistencia, la ayuda
assistant   el (la) ayudante
association   la asociación
assure   asegurar
atomic   atómico
atomic energy   la energía atómica
attaché   el agregado
attack   atacar
attain   lograr
attempt   el atentado; la tentativa, el intento
attract   atraer
attribute   el atributo
attribute   atribuir
augment   aumentar
author   el autor
authoritarian   autoritario
authoritatively   autoritariamente
authority   la autoridad
authorization   la autorización
authorize   autorizar
authorized   autorizado
autocrat   el (la) autócrata
autonomous   autónomo
autonomous institution   la institución autónoma
autonomous state   el estado autónomo
autonomy   la autonomía
avenue   la avenida
aviation   la aviación
avoid   evitar
axis   el eje

B

background   el marco
backward   atrasado
balance   el balance, el equilibrio
balance of power   la balanza del poder, el equilibrio del poder
ballet   el ballet
bank   el banco
banker   el banquero
banking   la banca
base   la base
basic   básico, fundamental
basic rights   los derechos básicos
basis   la base
Basque (person)   el vasco
battle   la batalla
be based   basarse
be born   nacer
be composed of   consistir en
be convenient for   convenir
be in the habit of   soler
be situated   encontrarse, estar situado
begin   comenzar, empezar
beginning   el comienzo, el inicio
behavior   el comportamiento
behaviorism   el behaviorismo
being   el ser
belief   la creencia
belligerence   la beligerancia
belong   pertenecer
benefit   el beneficio
benevolent   benévolo
benevolent despot   el déspota benévolo
bilateral   bilateral
bilateral negotiations   las negociaciones bilaterales
bill   el proyecto de ley
Bill of Rights   la declaración de derechos
birth   el nacimiento
block   el bloque
bloody   sangriento
body   el cuerpo
bomb   la bomba
border   la frontera
boss   el patrono; el jefe
bourgeoisie   la burguesía
branch   la rama; **(office)**   la sucursal
break out   estallar
brevity   la brevedad

briefness   la brevedad
British protectorate   el protectorado británico
budget   el presupuesto
build   construir
bureaucracy   la burocracia
bureaucrat   el (la) burócrata
bureaucratic   burocrático
business   los negocios, el comercio
business elite   la élite comercial
business entities   las entidades comerciales
buy   comprar

C

cabinet   el gabinete
calm   la calma
campaign   la campaña
candidate   el candidato
capacity   la capacidad
capital   el capital
capital city   la capital
capitalist   el (la) capitalista
capitalist economic system   el sistema económico capitalista
care   el cuidado
carry out   llevar a cabo
carry out (a duty)   desempeñar
case   el caso
catastrophe   la catástrofe
categorize   categorizar
category   la categoría
cause   la causa
cause   causar
central   central
central government   el gobierno centralizado
centralized   centralizado
centralized government   el gobierno central(izado)
century   el siglo
change   el cambio
change abode   trasladarse
channel   el canal
character   el personaje
characteristic   la característica
characterize   caracterizar
charge   el cargo
charismatic   carismático

charismatic leader   el líder carismático
choose   elegir, escoger
chronic   crónico
chronic poverty   la pobreza crónica
circumstance   la circunstancia
citizen   el ciudadano
city   la ciudad
city government   el gobierno municipal
city-state   la ciudad-estado
civil   civil
civil population   la población civil
civil war   la guerra civil
civilization   la civilización
clandestine   clandestino
clarity   la claridad
class   la clase
class distinction   la distinción de clases
class struggle   la lucha de clases
classification   la clasificación
classify   clasificar
clear   claro
climate   el clima
clinic   la clínica
closed   cerrado
closely   estrechamente
coal   el carbón
coalition   la coalición
coalition party   el partido de la coalición
code   el código
codified   codificado
codify   codificar
coercion   la coacción
coincide   coincidir
coincidence   la coincidencia
collaboration   la colaboración
collect   recaudar
collection (of money)   el cobro
collective   colectivo
collective security   la seguridad colectiva
collectivity   la colectividad
colonialism   el colonialismo
colony   la colonia
combat   el combate
combat   combatir
combine   combinar
comfort   la comodidad
command   mandar
commerce   el comercio
commercial   comercial

committee   el comité
common   común
communal   comunal
communality   la comunalidad
communally   comunalmente
communication   la comunicación; el comunicado
communism   el comunismo
community   la comunidad
community life   la vida comunitaria
company   la compañía
compare   comparar
comparison   la comparación
compelled   obligado
compendium   el compendio
compete   competir
competence   la competencia
competition   la competencia
competitor   el competidor
complex   complejo
complexity   la complejidad
compliance   el acatamiento
compliance with the law   el cumplimiento con la ley
complicated   complicado
component   el componente
composition   la composición
concede   conceder
concept   el concepto
concept of nation   el concepto de nación
conceptualization   la conceptualización
concern (business)   la empresa
concession   la concesión
concrete   concreto
condemn   condenar
condition   la condición
conditional subsidies   los subsidios con condiciones
conduct   la conducta
conduct of war   la conducta de la guerra
confederation   la confederación
confidence   la confianza
confirm   confirmar
conflict   el conflicto
conflictive model   el modelo conflictivo
confront   confrontar, enfrentar, hacer cara a
confuse   confundir
congress   el congreso
connection   la conexión, el enlace

conquer conquistar
conquest la conquista
consent el consentimiento
consent consentir
consequence la consecuencia
conservatism el conservadurismo
conservative conservador
consider considerar
consist of consistir en
conspiracy la conspiración
constant constante
constant contact el contacto constante
constituent el (la) constituyente
Constituent Assemblies las asociaciones
   de constituyentes
constitution la constitución
construction la construcción
consul el (la) cónsul
consulate el consulado
consultant el consultor
contact el contacto
contemporary contemporáneo
contest la contienda
contiguous contiguo
continent el continente
continuous continuo
continuous exploitation la explotación
   continua
contrast el contraste
contrast contrastar
control el control
control controlar
control of capital el control de capital
controversial discutible, controversial
controversy la controversia
conversation la conversación
conviction la convicción
cooperate cooperar
cooperation la cooperación
coordinate coordinar
copy la copia
Council of Ministers el Consejo de
   Ministros
count on contar con
country el país; la patria
county el condado
county government el gobierno del
   condado
court la corte, el tribunal

courtesy la cortesía
create crear
creation la creación
credibility la credibilidad
credit el crédito
critic el crítico
crown la corona
cult el culto
cultural grouping la agrupación
   cultural
culture la cultura
currency la moneda
current corriente
custom la costumbre
cycle el ciclo
czar el zar

D
daily diariamente; diario
damaging perjudicial, dañino
data los datos
date la fecha
date from datar de
day care center la guardería infantil
debate el debate
debate debatir
debate with the opposition debatir con la
   oposición
decade la década
decentralization la descentralización
decision la decisión
decision making la toma de decisiones
declaration la declaración
declaration of war la declaración de
   guerra
declare declarar
declare independence declarar la
   independencia
decrease la disminución
defeat la derrota
defend defender
defend his/her policy defender su
   política
defense la defensa
define definir
definition la definición
definitive definitivo
degree el grado
degree of control el grado de control

degree of international cooperation   el grado de cooperación internacional
delegate   el delegado
deliver   entregar
delivery   la entrega
democracy   la democracia
democrat   el (la) demócrata
democratic   democrático
democratic ideal   el ideal de la democracia
democratic model   el modelo democrático
democratic society   la sociedad democrática
demonstration   la manifestación
departure   la partida
depression   la depresión
derive   derivar
desirable   deseable
despot   el déspota
destroy   destruir
destroyed   destruido
destruction   la destrucción
detail   el detalle
detail   detallar
detailed   detallado
determination   la determinación
determine   determinar
determining   determinante
develop   desarrollar
developing (countries)   en vías de desarrollo
development   el desarrollo
deviate   desviar
devote oneself   dedicarse
dictator   el dictador
dictatorship   la dictadura
die   fallecer, morir
difference   la diferencia
different   diferente
difficulty   la dificultad
dimension   la dimensión
diminish   disminuir
diplomacy   la diplomacia
diplomat   el diplomático
diplomatic   diplomático
diplomatic corps   el cuerpo diplomático
diplomatic immunity   la inmunidad diplomática

diplomatic interaction   la interacción diplomática
diplomatic terminology   la terminología diplomática
direct   directo
direct   dirigir
direct participation   la participación directa
direct responsibility   la responsabilidad directa
direction   la dirección
director   el director
disabled (handicapped) person   el incapacitado
disadvantage   la desventaja
disagreement   el desacuerdo
disappear   desaparecer
disappearance   la desaparición
disarmament   el desarme
disaster   el desastre
disbursement   el desembolso
discipline   la disciplina
disciplined   disciplinado
discretion   la discreción
discuss   discutir
discussion   la discusión
disintegration   la desintegración
dispose   disponer
disposition   la disposición
dispute   la disputa
dissipate   disipar
dissolution   la disolución
dissolve   disolver
dissolve parliament   disolver el parlamento
distance   la distancia
distinction   la distinción
distinguish   distinguir
distribute   distribuir, repartir
distribution   la distribución, la repartición
distribution of power   la distribución del poder
diverse   diverso
divide   dividir
divine being   el ser divino
division   la división
doctrine   la doctrina
document   el documento
domestic   doméstico

domestic conditions   las condiciones
    domésticas
domestic issues   los asuntos internos
dominant   dominante
dominant class   la clase dominante
dominant party   el partido dominante
dominate   dominar
dominated   dominado
dominion   el dominio
drug   la droga
dues   la cuota
duplication   la duplicación
duty   el deber; **(tax)** los aranceles
duty (customs') tariff   la tarifa
    arancelaria
dynamics   la dinámica
dynasty   la dinastía

E
easy   fácil
echo   el eco
economic   económico
economic activities   las actividades
    económicas
economic benefits   los beneficios
    económicos
economic growth   el crecimiento
    económico
economic inequality   la desigualdad
    económica
economic rivalry   la rivalidad económica
economic security   la seguridad
    económica
economic self-sufficiency   la
    autosuficiencia económica
economic theory   la teoría económica
economy   la economía
educate   educar
education   la educación
effect   el efecto
effect   efectuar
effective   eficaz
efficiency   la eficiencia
elect   elegir
elect representatives   elegir diputados
elected   electo
elected official   el oficial electo
election   la elección
electoral   electoral

electoral college   el colegio electoral
electoral procedures   los procedimientos
    electorales
electoral system   el sistema electoral
electorate   el electorado
electricity   la electricidad
elementary   primario, elemental
eliminate   eliminar
elimination   la eliminación
elite   la élite
elitist   elitista
elitist model   el modelo elitista
embassy   la embajada
emblem   el lema
emerge   surgir
empathy   la empatía
emperor   el emperador
emphasis   el énfasis
emphasize   enfatizar
empire   el imperio
employ   emplear
employee   el empleado
emulating   emulativo
encompass   abarcar
encompassing   abarcador
endemic   endémico
endemic poverty   la pobreza endémica
enemy   el enemigo
energy   la energía
enjoy   gozar de
enroll   inscribirse
enterprise   la empresa
entirety   el conjunto
entity   la entidad
entrepreneur   el empresario
enunciate   enunciar
environment   el ámbito, el medio
    ambiente
equal   igual
equal opportunity   la igualdad de
    oportunidad
equality   la igualdad
era   la época
error   el error
espionage   el espionaje
espionage network   la red de espionaje
establish   establecer
establishment   el establecimiento
ethnic   étnico

ethnic division   la división étnica
ethnic group   el grupo étnico
ethnicity   la etnicidad
European Economic Community (EEC)
   la Comunidad Económica Europea
   (CEE)
event   el evento, el suceso, el
   acontecimiento
evidence   la evidencia
evolution   la evolución
evolve   evolucionar
examine   examinar
exceed   exceder
excess   el exceso
exchange   el cambio; el intercambio
executive   ejecutivo
executive branch   la rama ejecutiva
Executive Committee   el Comité
   Ejecutivo
executive power   el poder ejecutivo
exercise   el ejercicio
exercise   ejercer
exercise a veto   ejercer el veto
exercise of power   el ejercicio del poder
exist   existir
existence   la existencia
existing   existente
expansion   la expansión
expenditures   los egresos
explanation   la explicación
exploit   explotar
exploitation   la explotación
explosive   explosivo
express   expresar
expression   la expresión
extend   extender
extension   la extensión
exterior   exterior
external   externo
extreme   el extremo

F

face   confrontar
face up to   hacer cara a
facilitate   facilitar
faction   el bando
factor   el factor
factory   la fábrica
fail   fracasar

failure   el fracaso
family   la familia
family environment   el ámbito de la
   familia
fare   la tarifa
farm policy   la política agrícola
farmer   el agricultor
fast   rápido
favor   favorecer
favorable   favorable
fear   el miedo
federal   federal
federal bureaucrat   el (la) burócrata
   federal
federal government   el gobierno federal
federalism   el federalismo
feel like   darse la gana
fetishism   el fetichismo
feudal   feudal
feudal lords   los nobles, los señores
   feudales
feudal system   el sistema feudal
field   el campo
fight   la lucha
fight   luchar
final declaration   la declaración final
finance   financiar
financial   financiero
financial aid   la ayuda financiera
financing   el financiamiento
find   encontrar, hallar
firmness   la firmeza
flag   la bandera
flag burning   la quema de la bandera
flexibility   la flexibilidad
fluctuate   fluctuar
focus   el foco
focus   enfocar
follow   seguir
follower   el partidario, el (la) adherente
food stamp   el cupón alimenticio
forbid   prohibir, proscribir
force   la fuerza
foreign   extranjero
foreign affairs   los asuntos exteriores
foreign aid   la ayuda externa, la ayuda
   exterior
foreign capital (city)   la capital extranjera
foreign policy   la política exterior

foreign policy conduct   la conducta de la política exterior
foreign relations   las relaciones exteriores
foreign residents   los residentes extranjeros
forerunner   el precursor
forge an agreement   forjar un convenio
form   la forma; el formulario
form   formar
formal   formal
formal agreement   el acuerdo formal
formal alliance   la alianza formal
formalize   formalizar
formulate   formular
formulate policy   formular la política
formulated   formulado
formulation   la formulación
forum   el foro
found   fundar
foundation   el fundamento; la fundación
fraternity   la fraternidad
free   libre
free-market economy   la economía de libre mercado
freedom   la libertad
freedom of assembly   la libertad de asamblea
freedom of expression   la libertad de expresión
freedom of religion   la libertad de religión
freedom of speech   la libertad de palabra
frequency   la frecuencia
front   el frente
fruit   el fruto
fulfill   cumplir
function   la función
function   funcionar
fundamental   fundamental, básico
fundamental principle   el principio fundamental
funds   los fondos
furiously   con furia

G
gain   la ganancia
gamut   la gama
gas   el gas
general strike   la huelga general

geographical   geográfico
geographical area   el área geográfica
geography   la geografía
gesture   el gesto
get into office   conseguir un cargo
global   global
global arena   el ámbito global
global impact   el impacto global
global interests   los intereses globales
global scenario   el escenario global
global society   la sociedad global
glory   la gloria
goal   la meta, el fin
govern   gobernar
governor   el (la) gobernante, el gobernador
government   el gobierno
government agency   la agencia gubernamental
government employee   el empleado del gobierno
government funds   los fondos del gobierno
government intervention   la intervención del gobierno
governmental   gubernamental
grace   la merced
grant   otorgar
Great Powers   las grandes potencias
greet   saludar
greeting   el saludo
gross national product (GNP)   el producto nacional bruto (PNB)
group   el grupo
group   agrupar
grouping   la agrupación
grow   crecer
growth   el crecimiento
guarantee   la garantía
guarantee   garantizar
guerrilla   la guerrilla
guerrilla war   la lucha de guerrillas
guide   la guía
guild   el gremio
guilty   culpable

H
happen   suceder
happening   el acontecimiento

happiness   la felicidad
harm   hacer daño
harmful   dañino, perjudicial
hated   odiado
have the force of law   tener fuerza de ley
headquarters   la sede
health   la salud
hecatomb   la hecatombe
hegemony   la hegemonía
help   la ayuda
hereditary   hereditario
hereditary position   el puesto hereditario
heterogeneous   heterogéneo
high   alto
high politics   la política alta
highway   la carretera
highway network (system)   la red de
    carreteras
historian   el historiador
history   la historia
homogeneous   homogéneo
honor   la honra, el honor
hospital   el hospital
hostile   hostil
House of Commons   la Cámara de los
    Comunes
human   humano
human rights   los derechos humanos
humanity   la humanidad
humilate   humillar
humiliation   la humillación
humor   el humor
hunger   el hambre *f*
hygiene   la higiene

I

idea   la idea
identical   idéntico
identification   la identificación
identify   identificar
ideology   la ideología
idiosyncrasy   la idiosincrasia
illegal   ilegal
illegitimate   ilegítimo
illness   la enfermedad
image   la imagen
imitate   imitar
imitating   imitatorio
immunity   la inmunidad

impact   el impacto
impartial   imparcial
impartiality   la imparcialidad
impede   impedir
impediment   el impedimento
imperialism   el imperialismo
impersonal   impersonal
implement   implementar, poner en
    práctica
implementation   la implementación
implementation of policy   la
    implementación de política
import   importar
importance   la importancia
importation   la importación
impose   imponer
impose sanctions   imponer sanciones
imposition   la imposición
impotence   la impotencia
impotent   impotente
impression   la impresión
in accordance with   conforme a (con)
in agreement   de acuerdo, conforme
in concert   en concierto
in constant battle   en lucha constante
in favor of   en pro, a favor de
in force   vigente
in good faith   de buena fe
in support of   en apoyo de
in the hands of   en manos de
incentive   el incentivo
include   incluir
inclusion   la inclusión
income   los ingresos, la renta
income redistribution   la redistribución
    de rentas
incompatibility   la incompatibilidad
incompetence   la incompetencia
increase   aumentar
independence   la independencia
independence movement   el movimiento
    independentista
independent   independiente
indicate   indicar
indispensable   indispensable,
    imprescindible
individual   el individuo
individual   individual
indulgent   indulgente

Industrial Revolution la Revolución industrial
industrialist el (la) industrial
industrialized industrializado
industrialized country el país industrializado
industry la industria
inequality la desigualdad
inflationary inflacionario
inflationary tendency la tendencia inflacionaria
influence la influencia
influence influir
inform informar
informality la informalidad
information la información
information media los medios informativos
informative informativo
inhabit habitar
inhabitant el (la) habitante
inherent inherente
inherit heredar
inheritance la herencia
initiate iniciar
initiative la iniciativa
inspire inspirar
instability la inestabilidad
install instalar
institution la institución
institutionalize institucionalizar
instrument el instrumento
insure asegurar
integrity la integridad
intellectual el (la) intelectual
intelligence el espionaje
intelligence agent el agente de espionaje
intense intenso
intention la intención
interaction la interacción
intercontinental intercontinental
intercontinental missiles los misiles intercontinentales
interdependence la interdependencia
interest el interés
interest interesar
interest rate la tasa de interés
interfere interferir
interference la interferencia

intergovernmental intergubernamental
interim interino
interim agreement el acuerdo interino
intermittent intermitente
internal interno
internal affairs los asuntos internos
internal policy la política interna
internal politics la política interna
internal problem el problema interno
international internacional
internacional agreement el acuerdo internacional
International Air Transport Association (IATA) la Asociación Internacional de Transporte Aéreo
international conflict el conflicto internacional
International Court of Justice la Corte Internacional de Justicia, el Tribunal Internacional de Justicia
international law el derecho internacional
international organization la organización internacional
international policy la política internacional
international postal rates las tarifas postales internacionales
International Red Cross la Cruz Roja Internacional
international relations las relaciones internacionales
international situation la situación internacional
interpret interpretar
interpretation la interpretación
interrupt interrumpir
interrupted interrumpido
intervene intervenir
intervention la intervención
interventionist intervencionista
intolerable intolerable
intolerable conditions las condiciones intolerables
intrigue la intriga
intrusion la intromisión
invade invadir
invader el invasor
invalid inválido

invalidate   invalidar
invasion   la invasión
invent   inventar
investigation   la investigación
investment   la inversión
involve   involucrar
isolated   apartado
isolationism   el aislacionismo
isolationist   aislador, aislacionista
isolationist doctrine   la doctrina
   aisladora, el aislacionismo
issue   emitir

J

jail   la cárcel
join   unir, unirse; inscribirse
judge   el juez
judge   juzgar
judicial person   la persona jurídica
jurdicial principles   los principios
   jurídicos
jurisdiction   la jurisdicción
jurist   el (la) jurista
justice   la justicia

K

keep   guardar
kill   matar
king   el rey
knowledge   el conocimiento

L

Labor Party member   el (la) laborista
labor union   el sindicato laboral
laborer   el trabajador, el obrero
lack   la falta
land   la tierra
language   la lengua, el lenguaje
language of diplomacy   el lenguaje de la
   diplomacia, el lenguaje diplomático
large-scale business   el comercio en gran
   escala
latent   latente
law   el derecho, la ley
lawsuit   el pleito, el juicio; el litigio
lead   conducir, guiar
leader   el líder, el (la) dirigente
League of Nations   la Sociedad de
   Naciones

leave   dejar
legal   legal
legal basis   la base legal
legal obligation   la obligación legal
legal process   el proceso legal
legal sanction   la sanción legal
legal status   el status legal
legalization   la legalización
legalization of drugs   la legalización de
   las drogas
legislate   legislar
legislation   la legislación
legislative   legislativo
legislative body   el cuerpo legislativo
legislative branch   la rama legislativa
legislature   la legislatura
legitimacy   la legitimidad
legitimate   legítimo
legitimate government   el gobierno
   legítimo
level   el nivel
level of development   el nivel de
   desarrollo
levy   gravar
liberal   liberal
liberal party   el partido liberal
liberalism   el liberalismo
liberation   la liberación
liberty, fraternity, and equality   la
   libertad, fraternidad e igualdad
life   la vida
limit   el límite
limit   limitar
limited   limitado
line   la línea
lineage   el linaje
linguistic   lingüístico
linked   vinculado
litigant   el (la) litigante
litigate   litigar
live   vivir
living accommodation   la vivienda
loan   el préstamo
local   local
local government   el gobierno local
local officials   los oficiales locales
local party   el partido local
local politics   la política local
lose   perder

loss   la pérdida
low politics   la política baja
lower   bajar
loyal   leal
loyalty   la lealtad

M

machine   la máquina
mail   el correo
maintain   mantener
maintenance   el mantenimiento
majority   la mayoría
make possible   posibilitar
management   la conducción
mandate   el mandato
mandatory   obligatorio
maneuver   la maniobra
maneuvering margin   el margen de
   maniobra
manifest   manifestar
manifestation   la manifestación
manpower   la mano de obra
manufactured   manufacturado
map   el mapa
margin   el margen
market   el mercado
marriage   el matrimonio
mass   la masa; la misa
mass communication   la comunicación
   masiva
mass mobilization   la movilización de las
   masas
massacre   el masacre
massive   masivo
materialism   el materialismo
matter   el asunto
maximize   maximizar
maximize profits   maximizar los
   beneficios
maximum   el máximo
mayor   el alcalde
meaning   el significado
means   los medios
means of communication   los medios de
   comunicación
means of distribution   los medios de
   distribución
means of production   los medios de
   producción

measure   la medida
measure   medir
meddling   la intrusión, la intromisión
media   los medios
medical   médico
medical care   el cuidado médico
medical service   el servicio médico
medicine   la medicina
medieval   medieval
meet   reunirse
meeting   la reunión
member   el miembro; el socio; el afiliado
member of congress   el (la) congresista,
   el diputado
membership card   la tarjeta de afiliación
memorandum   el memorando
mentality   la mentalidad
mention   la mención
mention   mencionar
mercenary   el mercenario
mercenary armies   los ejércitos de
   mercenarios
merchant   el (la) comerciante
method   el método
methodology   la metodología
military   militar
military aid   la ayuda militar
military attaché   el agregado militar
military base   la base militar
military conflict   el conflicto militar
military leader   el líder militar
military missions   las misiones militares
military parade   el desfile militar
military power   el poder militar
military protection   la protección militar
military resources   los recursos militares
military service   el servicio militar
mine   la mina
minimum   el mínimo
minimum wage   el sueldo mínimo
mining   la minería
minister   el ministro
ministry   el ministerio
Ministry of Agriculture   el Ministerio de
   Agricultura
Ministry of Foreign Affairs   el
   Ministerio de Asuntos Exteriores
minor   el (la) menor
miserable   miserable

missile el misil
mission la misión
mission chief el jefe de misión
mixture la amalgama
mobilization la movilización
model el modelo
modern moderno
modern State el Estado moderno
modernize modernizar
modesty la modestia
modify modificar
monarch el monarca
monarchy la monarquía
monetary monetario
monetary policy la política monetaria
monopoly el monopolio
morality la moral
motivate motivar
motivation la motivación
move mover; trasladarse
movement el movimiento
multilateral multilateral
multinational multinacional
multinational enterprise la empresa
  multinacional
multiparty system el sistema de partidos
  múltiples
multiple múltiple
multiple parties los partidos múltiples
multiply multiplicar
multitude la multitud
municipal municipal
municipal bond el título municipal, el
  bono municipal
municipal employee el empleado
  municipal
municipal government el gobierno
  municipal
municipality el municipio
murder el asesinato
murder asesinar
mutual mutuo
mutual responsibility la responsabilidad
  mutua

N

Napoleonic napoleónico
Napoleonic campaigns las campañas
  napoleónicas

nation la nación
nation-state la nación-estado
national nacional
national defense la defensa nacional
national government el gobierno
  nacional
national income la renta nacional
national interest el interés nacional
National Liberation Front el Frente de
  liberación nacional
national liberation movements los
  movimientos de liberación nacional
national policy la política nacional
national politics la política nacional
national security la seguridad nacional
national territory el territorio nacional
nationalism el nacionalismo
native land la patria
nature la naturaleza
navigable navegable
Nazi el (la) nazi
need la necesidad
need necesitar
needy person el necesitado
negotiation la negociación
neighbor el vecino; el prójimo
neighboring vecino
network la red
neutrality la neutralidad
new world order el nuevo orden mundial
no confidence no confianza
noble el (la) noble
nominate nombrar
nonagression pact el pacto de no
  agresión
nonalignment el no alineamiento
noncompliance el incumplimiento
nonconformity la desconformidad
nonexistent inexistente
nongovernmental no gubernamental
norm la norma
normal diplomatic relations las
  relaciones diplomáticas normales
**North Atlantic Treaty Organization
(NATO)** la Organización del Tratado del
  Atlántico Norte (OTAN)
note notar
notion la noción
nuclear nuclear

nuclear arms   las armas nucleares
null   nulo

O

obedience   la obediencia
obey   obedecer; **(laws)**   acatar
object   el objeto
objective   el objetivo
obligatory   obligatorio
oblige   obligar
obliged   obligado
observance (laws)   el acatamiento
observation   la observación
obvious   obvio
occur   ocurrir
occurrence   la ocurrencia
offend   ofender
offense   la ofensa
official   oficial
oil   el petróleo
old   viejo, antiguo
older   mayor
on a personal level   a nivel personal
one party   el partido único
open vote   la votación abierta
operation   la operación
opinion   la opinión
opportunity   la oportunidad
oppose   oponer
opposition   la oposición
oppressed   oprimido
oppressed classes   las clases oprimidas
opt   optar
option   la opción
oral   oral
oral communication   la comunicación oral
orchestra   la orquesta
order   el orden
organ   el órgano
organism   el organismo
organization   la organización
Organization of American States (OAS)   la Organización de los Estados Americanos (OEA)
Organization of Petroleum Exporting Countries (OPEC)   la Organización de Países Exportadores de Petróleo (OPEP)

organize   organizar
origin   el origen
originate   originar
outside groups   los grupos exteriores
overcome   vencer
overpopulated   superpoblado
overthrow   derrocar
own   propio
owner   el dueño

P

pact   el pacto
parade   el desfile
paradigm   el paradigma
parliament   el parlamento
parliamentary   parlamentario
parliamentary system   el sistema parlamentario
part   la parte
partiality   la parcialidad
participant   el (la) participante
participate   participar
participation   la participación
partisan   el partidario
party   el partido; la parte
party leader   el líder del partido
party official   el oficial del partido
party policy   la política del partido
party system   el sistema de partidos
patent   patente
patriot   el (la) patriota
patriotism   el patriotismo
pattern   el patrón
patterns of conduct   los patrones de conducta
pay dues   pagar cuotas
peace   la paz
peace movement   el movimiento por la paz
peace treaty   el tratado de paz
peaceful means   los medios pacíficos
peasant   el campesino
penetrate   penetrar
penetrative   penetrativo
pensioner   el pensionado
people   el pueblo
percentage   el porcentaje
period   el período
permanence   la permanencia

permanent permanente
permanent mission la misión
  permanente
permission el permiso
personage el personaje
personal personal
personal income tax la contribución
  sobre el ingreso personal
persuade persuadir
persuasion la persuasión
petition la petición
Pharaoh el faraón
phenomenon el fenómeno
philosophy la filosofía
physical físico
physical force la fuerza física
pilot el piloto
plan el plan
plan planificar
plant la planta
play a role jugar un papel
pleasure el placer
pluralist pluralista
point el punto
point of departure el punto de partida
police force la policía
policy la política
policy of nonalignment la política de no
  alineamiento
political político
political body el cuerpo político
political conduct la conducta política
political debate el debate político
political ideology la ideología política
political leader el líder político
political movement el movimiento
  político
political organization la organización
  política
political party el partido político
political power el poder político
political pressure la presión política
political reasoning el razonamiento
  político
political science la ciencia política
political scientist el científico político
political sphere la esfera política
political theory la teoría política
political unity la unidad política

politics la política
pollution la contaminación
populate poblar
population la población
pornography la pornografía
portion la porción
position la posición; **(job)** el puesto
positive positivo
positive image la imagen positiva
possibility la posibilidad
postal postal
postcard la postal
postulate el postulado
postulate postular
posture la postura
poverty la pobreza
power el poder; la potencia
power of laws el poder de las leyes
powerful poderoso
practice la práctica
precedence la precedencia
precept el precepto
precipitate precipitar
precise preciso
precision la precisión
preconceived preconcebido
precursor el precursor
predispose predisponer
predisposition la predisposición
preeminence la preeminencia
preeminent preeminente
preindustrial preindustrial
preindustrial society la sociedad
  preindustrial
prejudice el prejuicio
premise la premisa
prenatal prenatal
preoccupation la preocupación
presence la presencia
present actual
present presentar
present day actualmente
present proposals presentar
  propuestas
presidency la presidencia
president el presidente
presidential presidencial
presidential advisor el consejero del
  presidente

presidential system   el sistema presidencial
press   la prensa
pressure   la presión
pressure groups   los grupos de presión
price   el precio
price list   la tarifa
pride   el orgullo
primary   primario
primary education   la educación primaria
prime minister   el primer ministro
primitive   primitivo
primitive society   la sociedad primitiva
principle   el principio
priority   la prioridad
prisoner   el prisionero
private   privado
private enterprise   la empresa privada
private property   la propiedad privada
privilege   el privilegio
probationary   probatorio
probationary period   el período probatorio
problem   el problema
procedural   procesal
procedural legitimacy   la legitimidad procesal
procedure   el procedimiento
process   el proceso
process of change   el proceso de cambio
process of unification   el proceso de unificación
proclaim   proclamar
produce   producir
product   el producto
production   la producción
professor   el profesor
profit   el beneficio
program   el programa
progressive tax system   el sistema tributario progresivo
prohibition   la prohibición, la proscripción
pro-independence   independentista
project   el proyecto
proletariat   el proletariado
proliferation   la proliferación
promise   la promesa
promise   prometer

promote   fomentar, promover
promotion   la promoción
pronounce   pronunciar
pronounce a verdict   dictar un fallo
propensity   la propensión
property   la propiedad
proponent   el (la) proponente
proportion   la proporción
proportionate   proporcional
proportionate representation   la representación proporcional
proposal   la propuesta
propose   proponer
proposition   la proposición, la propuesta
proprietor   el propietario, el dueño
proscription   la proscripción
protagonist   el (la) protagonista
protect   proteger
protection   la protección
protectorate   el protectorado
protocol   el protocolo
prove   evidenciar
provide   proveer
province   la provincia
provincial   provincial
provincial government   el gobierno provincial
provision   la provisión
provisional   interino
provoker   el provocador
psychiatric   psiquiátrico
psychiatric intervention   la intervención psiquiátrica
public administration   la administración pública
public education   la educación pública
public matter   el asunto público
public morality   la moral pública
public office   el cargo oficial, el cargo público
public opinion   la opinión pública
public order   el orden público
public recognition   el reconocimiento público
public welfare   el bienestar público
publicity   la propaganda
punish   castigar
punishment   el castigo
put into practice   poner en práctica

Q

quality la cualidad, la calidad
quantity la cantidad
queen la reina
question la cuestión
quota la cuota

R

radical radical
radical change el cambio radical
radio la radio
railroad el ferrocarril
rank el rango
rapid rápido
rapid communication las comunicaciones rápidas
rate la tasa; la tarifa
ratification la ratificación
ratify ratificar
rational racional
raw material la materia prima
reaction la reacción
reactionary reaccionario
reactive reactivo
reality la realidad
reasonable razonable
reasoning el razonamiento
rebel rebelarse
rebellion la rebelión
rebellious rebelde
rebellious group el grupo rebelde
rebuild reconstruir
recapitulation la recapitulación
recent reciente
recipient el (la) recipiente
recognition el reconocimiento
reconstruction la reconstrucción
recruit reclutar
recurring recurrente
recurring sequence of behavior la secuencia recurrente de comportamiento
redistribution la redistribución
reduce reducir
reduced reducido
reduction la reducción
reelected reelecto
reestablish restablecer
reestablishment el restablecimiento
reevaluation la revaluación

reflect reflejar
reform la reforma
regenerate regenerar
regeneration la regeneración
regime el régimen
region la región
regional regional
regionalism el regionalismo
regular regular
regulate regular; reglamentar
regulation el reglamento, la reglamentación
regulatory regulatorio
rejection el rechazo
relation la relación
religion la religión
remain permanecer
render rendir
rent la renta
replace reemplazar
report el informe
representation la representación
representative el (la) representante
repressive represivo
repressive regime el régimen represivo
republic la república
Republican el republicano
require requerir
requirement el requisito
requisite el requisito
reside residir
residence la residencia
resident el (la) residente
resolution la resolución
resolve resolver
resolve the dispute resolver la disputa
resort to recurrir a
resources los recursos
respect el respeto
respect respetar
respect for the law el respeto por la ley
respected respetado
responsibility la responsabilidad
responsible responsable
restoration la restauración
restore restaurar
restrict restringir
restriction la restricción
result el resultado

result resultar
retaliation la represalia
retired person el jubilado
reverence la reverencia
review revisar
revolution la revolución
revolution of the masses la revolución de
  las masas
revolution of the proletariat la
  revolución del proletariado
revolutionary revolucionario
revolutionary party el partido
  revolucionario
reward la recompensa
reward recompensar
rhythm el ritmo
right el derecho
right of veto el derecho de veto
rigid rígido
rigorous riguroso
rise el surgimiento
rise to power llegar al poder
rise up levantarse
risk el riesgo
rite el rito
rival el (la) rival
rival rivalizar
rivalry la rivalidad
road el camino
Roman romano
ruins las ruinas
rule la regla
rule gobernar, regir
ruled regido
ruler el (la) gobernante
rules of courtesy las reglas de cortesía
run correr
run as a candidate presentarse como
  candidato
rural rural

S

sacred sagrado
sacrifice el sacrificio
sacrifice sacrificar
safety la seguridad
salaried asalariado
salaried employee el empleado
  asalariado

salary el sueldo, el salario
sales tax el impuesto sobre ventas
salvation la salvación
same mismo
sanction la sanción
sanction sancionar
sane sano
satisfaction la satisfacción
satisfy satisfacer
save salvar
savings account la cuenta de ahorros
scale la balanza, la escala
scarce escaso
scenario el escenario
schedule el horario
scheme el esquema
scholarship la beca
science la ciencia
scientific científico
scientist el científico
seal la insignia, el lema
seat la sede; **(in Parliament, Congress)**
  el escaño
secondary secundario
sect la secta
section la sección
secularization la secularización
security la seguridad
security policy la política de seguridad
selection la selección
self-interest el propio interés
self-sufficiency la autosuficiencia
sell vender
sensibility la sensibilidad
sensitivity la sensibilidad
sentence la condena
separate apartar
separated apartado
separation la separación
separatist el (la) separatista
sequence la secuencia
series la serie
servant el sirviente; el siervo
serve servir
service el servicio
share compartir
shared values los valores compartidos
sick enfermo
sign firmar

signature la firma
signer el (la) firmante
similar similar
simple sencillo
sistemic factors los factores sistémicos
situation la situación
size el tamaño
skilled laborer el obrero diestro
slaughter la hecatombe
slogan el lema
social social
social change el cambio social
social differences las diferencias sociales
social goals los fines sociales
social institution la institución social
social order el orden social
Social Security el Seguro Social
Social Security system el sistema de
   Seguro Social
social stability la estabilidad social
socialism el socialismo
socialist el (la) socialista
society la sociedad
sociologist el sociólogo
sociology la sociología
soldier el soldado
solution la solución
solve resolver
source la fuente
sovereign soberano
sovereign government el gobierno
   soberano
sovereign State el Estado soberano
sovereignty la soberanía
Soviet Republic la República soviética
special especial
special interest groups los grupos de
   interés especial
specialist el (la) especialista
specialize especializarse
specific específico
spend gastar
sphere la esfera
spirit el espíritu
split la ruptura
sponsor patrocinar
spread esparcir
stability la estabilidad
stable estable

stage el escenario; la etapa
standard of living el nivel de vida
state el estado
state employee el empleado estatal
state government el gobierno estatal
state (pertaining to) estatal
State sovereignty la soberanía del Estado
status el status
status quo el statu quo
step el paso
stifle sofocar
stipulate estipular
stock la acción
Stock Market la Bolsa, la Bolsa de
   Valores, el Mercado de Valores
stockholder el (la) accionista
strength la fuerza
strike la huelga
structure la estructura
study el estudio
study estudiar
subcontinent el subcontinente
subject el tema; **(to authority)** el
   vasallo; el súbdito; el sujeto
subjection la subyugación
submit someter
subordinated subordinado
subscribe subscribir
subsequent subsiguiente
subsequent ratification la ratificación
   subsiguiente
subsidy el subsidio
subtle sutil
succeed suceder
success el éxito
successor el sucesor
suffer sufrir
suffering el sufrimiento
suicide el suicidio
suit convenir
sum la suma
sum of the parts la suma de las partes
summarize resumir
summary el resumen
summons la citación
superior superior
support el apoyo
support apoyar
supremacy la supremacía

supreme   supremo
supreme court   la corte suprema
survival   la supervivencia
survive   sobrevivir
suspect   sospechar
symbol   el símbolo
symbolic   simbólico
system   el sistema
systematic   sistemático
systematically   sistemáticamente

T

take away   quitar
take care of   cuidar
take power   tomar el poder
talent   el talento
tank   el tanque
tariff   los aranceles; la tarifa
tax   el tributo, el impuesto, la contribución
tax   gravar
tax policy   la política tributaria
tax reduction   la reducción en impuestos
teach   enseñar
technical   técnico
technical matter   el asunto técnico
telegraph   el telégrafo
telephone   el teléfono
television   la televisión
temporary   temporero; interino
temporary accord (agreement)   el
   acuerdo temporero
tend   tender
tendency   la tendencia, la propensión
term   el término; (in office)   el mandato
terminate   dar fin, terminar
terminology   la terminología
territorial   territorial
territorial integrity   la integridad
   territorial
territorial water limits   los límites de
   aguas territoriales
territory   el territorio
theologian   el teólogo
theology   la teología
theorist   el teórico
theory   la teoría
theory of dependence   la teoría de la
   dependencia
thermonuclear   termonuclear

thermonuclear bomb   la bomba
   termonuclear
Third World   el Tercer Mundo
thought   el pensamiento
threat   la amenaza
threaten   amenazar
throne   el trono
title   el título
total   total
total control   el control total
tourism   el turismo
tourist   el (la) turista
trade   comerciar
trade union   el gremio
tradition   la tradición
traditional   tradicional
traditional values   los valores
   tradicionales
traffic   el tráfico
training   la formación
tranquility   la tranquilidad
transaction   la transacción
transcendental   transcendental
transfer   la transferencia
transfer   transferir
transfer of resources   la transferencia de
   recursos
transform   transformar
transformation   la transformación
transport   transportar
transportation   el transporte
treatment   el trato
treaty   el tratado
tremendous   tremendo
trial   el proceso, el juicio
triumph   el triunfo
triumph   triunfar
troop   la tropa
true   verdadero
trust   la confianza
trusted   confiado
two-party system   el sistema de dos
   partidos
type   el tipo
typical   típico

U

unacceptable   inaceptable
unanimous   unánime

unavoidable   inevitable
unbearable   intolerable
under   bajo
undermine   socavar, minar
understand   comprender
understanding   la comprensión
unification   la unificación
uniform   uniforme
uniformity   la uniformidad
unilateral   unilateral
union   el sindicato
unionism   el unionismo
United Kingdom   el Reino Unido
United Nations   las Naciones Unidas
United Nations Organization (UNO)   la Organización de las Naciones Unidas (ONU)
unity   la unidad
universality   la universalidad
universally   universalmente
university   la universidad
university education   la educación universitaria
university (pertaining to)   universitario
uprising   el levantamiento
use   el uso, el empleo
use   usar
use of force   el empleo de la fuerza
use to   soler
utilize   utilizar

V

value   el valor
value added tax   el impuesto al valor agregado
variety   la variedad
vary   variar
vassal   el vasallo
venerate   venerar
version   la versión
veto   el veto
victorious   victorioso
victory   la victoria
viewpoint   el punto de vista

village   el pueblo, la aldea
violent   violento
visit   visitar
volunteer   el voluntario
volunteer army   el ejército de voluntarios
vote   el voto
vote   votar
vote in a block   votar en un bloque
vote of no confidence   el voto de no confianza
voting blocks   los bloques de votantes

W

wage   el sueldo
war   la guerra
way   la manera
wealth   la riqueza
weapon   el arma *(f)*
welfare   el bienestar
whole   el conjunto
whole   íntegro, entero
widow(er)   la viuda, el viudo
win   ganar
work   obrar
work force   la fuerza laboral
worker   el obrero
working class   la clase obrera
work(ing) conditions   las condiciones laborales, las condiciones de trabajo
world   el mundo
World Bank   el Banco Mundial
world society   la sociedad mundial
world State   el Estado mundial
world war   la guerra mundial
worship   la veneración
worship   venerar
written law   la ley escrita

Y

yield   rendir

Z

zona   la zona

INDEX